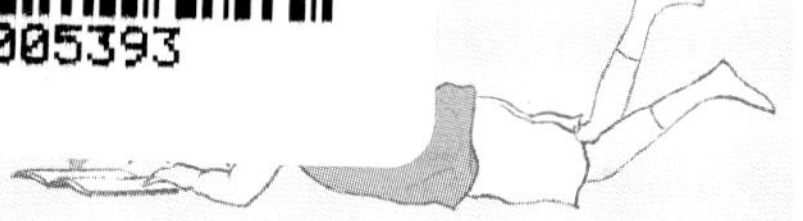

ハーバードで世界の教育を研究し尽くした
5児のパパが実践してわかった!

自力でできる子になる好奇心を伸ばす子育て

本 山 勝 寛

大和書房

はじめに
現代の子に最も足りないもの

今、日本の子どもたちに最も足りていないものはなんでしょうか？

数学や科学、国語などの学力でしょうか？

それとも、英語力やプログラミング力でしょうか？

どれも必要な力かもしれませんが、最も足りていないというほどではありません。

国際学力調査では日本の学力そのものは国際的順位を上げ、上位グループにあります。英語もプログラミングも小学校から授業が始まります。英語は学校での英語教育が始まる小学３年生から大学まで含めると、14年間も勉強し続けることになるのです。

では、日本の教育になんとなく漠然とした不安を感じるのはなぜでしょう？

たしかに、日本の子どもたちはテストをしてみると高校生までは平均的な学力は高いですが、国際的にみると圧倒的に数学が嫌いで、科学が嫌いであり、年齢を重ねるごとに本を読まなくなります。

英語もそれなりに文法の知識はありますが、極端に苦手意識があって実際に英語で話そうとせず、結局使えないため嫌いになります。

受験のため、塾に行かせれば一時的に各教科のテストの点数としての学力は伸びますが、本音では「嫌い」なため、受験というゴールがなくなれば、その後は自分で学ぼうとはしません。

この日本の子どもたちの矛盾を紐解く非常に重要な鍵があります。

私は、その鍵を、実際に自分の子どもたちの子育てに悪戦苦闘するなかで発見することができました。

私には５人の子どもがいます。現在、11歳で小学６年生の長男と、９歳で小学４年生の長女、７歳で小学１年生の次女、５歳で年中の三女、２歳で末っ子の次男です。

長男がまだ小さかった頃、私たち夫婦も親としてはまさに初心者で、子どもの将来になんとなく不安を感じ、あれこれといろいろとやらせてみては、子どもの気持ちがついていかず、うまくいかなかったことが多々ありました。

英語の幼児教室にいっても馴染めずにすぐ辞めたり、幼稚園でも園のプログラムが合わず、一人で過ごし問題視されるようなことが多かったです。

そんな悩みを抱えていたとき、子どもが大好きなことにとことんつきあって、自分も一緒に親子で思いっきり楽しもうと開き直ることにしました。

すると、子どもがいきいきと好きなことに没頭し、自ら図鑑で調べるようになったり、本を読むようになったり、自ら何かを書いたり、つくったりするようになったのです。子育てが楽しくなり、子どもが大好きだという気持ちが素直に溢れるようになりました。その結果、いつの間にか、子どもが5人にもなりました。(笑)

日本の子どもたちの矛盾を紐解く重要な鍵、私が5人の子どもの子育てで悪戦苦闘しながらみつけたその鍵とは、**「好奇心」**です。

そして、**好奇心をもって自力で学び続ける力**です。

日本の子どもたちは、数学も理科も本を読むことも嫌いです。やらされているからしかたなく勉強していますが、自ら興味関心を持ってもっと知りたい、探求したいという好奇心が欠けているのです。

すると、親や学校があれこれと用意する大学受験まではなんとかなる場合もありますが、本当の学びが始まる大学生や成人後は、ぴたっと学ばなくなってしまいます。すると、成長がストップしてしまいます。

日本が今国際社会のなかで伸び悩んでいるのは、そんな要因があるのではないかと思います。

世界の最前線の教育でも重要視される「好奇心」

私は、ハーバード教育大学院で世界中から教育界のリーダーや研究者たちが集まる環境で、世界の教育を研究しました。

国際的な研究の第一線でも、学力テストでは測定できないが重要な力である「非認知能力」が注目を浴びています。

そのなかでも特に日本人が足りていない力が何かを探求すると、やはり好奇心であることが分かってきました。

勤務先の日本財団では子どもサポートチームの責任者を務め、子どもたちが家庭環境に関わらず誰もが自立する力を身につけられるようサポートする施設「第三の居場所」を全国に35箇所以上開設運営しています。

ここでも、様々な体験や機会を通して、子どもたちがいかにして自力で学び続ける力をつけてもらうかという観点でサポートをしています。

学校では教えてくれない子の人生を切り開く能力

この本では、ハーバード教育大学院をはじめ、世界の最前線の研究によって分かってきていることと、私自身が5児の親として子育てに悪戦苦闘しながら実感してきたこと、そして、日本の多くの子どもたちの支援をするなかで見えてきたことを、いかにして子どもたちの好奇心を伸ばし自力で学び続ける子に育てられるかという観点でまとめています。

テストの点数を伸ばすことに比べて、好奇心を伸ばすことは数字で表すことができず、どうしたらよいのか分かりづらいです。

だからこそおろそかにされてきましたが、実は子どもにとって何よりも重要なことなのです。

また、学校や塾でも好奇心を伸ばす方法は教えられていません。既存の教育機関には確立した手法はないといってよいでしょう。

とはいえ、子どもにとって重要だというなら、具体的な方法を知りたいのが親としての心情です。

この本では、子どもの好奇心を伸ばし自力で学び続ける子を育てるための具体的な方法を一つ一つ紹介しています。

読者の皆様に分かりやすいように、国語、理科、体育、算数、社会という教科の切り口によって章立てし、それぞれ実践的な子育て法のエッセンスをまとめています。

対象としては、ちょうど私の子どもの年齢である、2歳から小学校卒業くらいまで参考にしていただける内容になっています。

初めから順番に読んでいただいてもよいですし、子どもの好きなことを伸ばしたい、苦手なことを克服したいという観点で特に気になる章から読んでいただいてもかまいません。

全てをいっきに実践できなくても、まずは一つでも試してみてください。

好奇心いっぱいで、いきいきとした子どもの姿をぜひ実感してみてください。

そして、そんな子どもの姿に刺激を受けながら、親子で楽しみながらこの本で紹介する子育てを実践されていけば、きっと自力で学び続ける子どもに育っていくでしょう。

自力でできる子になる
好奇心を伸ばす子育て

Contents

Science

第2章　理科

「シゼン」が好きな観察力と没頭力のある子に育てる

Arithmetic

第4章 算数
「カズ」が好きな論理的思考力のある子に育てる

Society

第5章 社会

「ヒト」との関わりが好きな コミュニケーション力のある子に育てる

第0章

「好奇心」を伸ばすことが一生モノの成長につながる

01
「好奇心＝CQ」は、自ら学び続ける成長のエンジン

東の空から太陽が昇り、寝静まっていた世界が一気に明るくなりました。一日の始まりです。日の出を見るとき、これから何が起きるのか、ドキドキワクワクするような気持ちが湧いてきませんか？

それは人間を人間たらしめてきた「好奇心」という本性によるものかもしれません。

赤ちゃんが「おぎゃー」とお母さんのお腹から生まれたとき、感動いっぱいで小さな新しい命の誕生を出迎えます。これからこの子がどんな子に育つのか、ドキドキワクワクする気持ちが溢れてくると思います。

一方で、生まれたばかりの赤ちゃんは、お母さんのお腹の中の真っ暗な世界から、一気に明るくて広い、これまで見たことがない人やものがいっぱいの世界と遭遇します。

新しいことをドキドキワクワクしながら興味津々でスポンジのように吸収していきます。

人間が本来持っている好奇心。おそらく、神様から人

間に特別に与えられた宝物なのかもしれません。

でも、どうでしょう。

そんな好奇心を、私たちは何かの狭い型に押し込めて、早くに摘み取ってしまっていないでしょうか？

大人は子どもの好奇心を育てるのではなく、逆に好奇心を殺してしまっていないでしょうか？

「教育」を研究して分かった「好奇心」の重要性

私は、ハーバードで世界の教育を研究し、アジア最大のNGOである日本財団で国内外の教育事業に携わり、また5児の父として子育てを実践するなかで、**いまの日本の教育や育児で最も足りないのは、「好奇心を育てること」だと痛感してきました**。

そして、大きく時代が変化していくなかで、これから最も求められる力も「好奇心」だといえます。

なぜなら、変化のスピードが速い時代において、必要な知識がすぐにアップデートされるため、今どれだけ知識を蓄えているかよりも、たえず学び続ける姿勢こそが、時代の変化を生き抜くために必要だからです。学び続けるためのエンジンとなるのが、まさに好奇心です。

好奇心は新しい時代における重要な力であるという観点から、「**CQ ＝ Curiosity Quotient ＝好奇心指数**」として注目される動きが海外の学界やビジネス界でも起きてきています。

　これまで日本の教育や子育ては、知識を増やしたり、認知能力やIQ（知能指数）を伸ばしたりすることに対して一生懸命でした。それも重要ではありますが、それだけで本当に大丈夫でしょうか？

　よかれと思ってやってきたことが、子どもが本来持っていた力を押しつぶしてしまっていないでしょうか？

　新しい時代を生き抜くには、それにふさわしい力が必要です。

　それは、新しいITツールや商品を使えばよいということではなく、もっと本質的な力です。

　本来どんな子どもも持っている好奇心を育て、伸ばしてあげることで、あとはその子が自分で自由に羽ばたきます。どんな大空も舞うことができます。

　この本では、子どもの好奇心の育て方を、１章国語、２章理科、３章保健体育、４章算数、５章社会と、それぞれのテーマで子どもが好奇心を持って自力で学び続けるようになるための具体的な方法を紐解いていきます。子育てに不安を感じている方も、ドキドキワクワクするような気持ちで、ページを開いていってみてください。

02

10%の成長を50年続ければ100倍以上に成長できる

ここで一つ問題です。

A君の親はとても教育熱心です。子どもの教育のためにはお金をかけることをためらわず、毎日塾や習い事に通わせています。A君はもう少し遊びたい、自由な時間がほしいと思いながらも、親が熱心に連れて行くので、親の期待に応えようとがんばります。親子の努力の成果があって、2年間でA君は100%成長しました。以前よりも、A君の学力や能力は2倍になったのです。でも、中学受験の勉強で忙しくなったので、受験に関係のない習い事はすべてやめて、一切やらなくなりました。また、受験が終わると、これまでがんばりすぎて疲れたA君は、勉強もやらなくなりました。でも、エスカレート方式で大学までいける私立中高に合格したので、親としては一安心しています。

B君の親も教育に高い関心がありますが、子どもの自主性を尊重し、子どもが本当にやりたいことや好きなことを伸ばそうという方針です。

マイペースなＢ君は、決められたプログラムに毎日通うより、自分で何か楽しいことを考えてやってみることが大好きです。ときには、やることがなくて退屈だなと思うこともありますが、周りにあるものを引っぱり出してきて、自分で何か楽しいことを見つけ出して遊び始めます。

Ｂ君の親は、そんなＢ君の姿を見ながら、好きなことをもっと伸ばせるような、道具や本、体験の機会などを考えて用意します。効率的ではありませんが、Ｂ君もゆっくりとじっくりと成長し、学力も他の能力も１年間で10％ずつ成長し続けています。だんだんと親が放っておいても、Ｂ君本人が自分で何かを始めたり、本を読んだりするようになっています。

さて、20年後、Ａ君とＢ君はどちらがより成長しているでしょう？

Ａ君は塾などに通っていた短期間の２年間で２倍成長し、その後成長がストップしたと仮定すると、20年後の姿も「２」です。もちろん、まったく成長しないことはないでしょうから、毎年の成長率を１％だと仮定すると20年後の姿は「2.4」です。

Ｂ君は毎年10％成長し続けるので、20年後の姿は「6.7」です。Ａ君よりも３倍近くの差で逆転しています。さらに、30年後には「17」に、50年後には「100」以上にもなっています。

好奇心の高低は
長期的に大きな差となる

B君は子どもの頃はじっくりと、ゆっくりと自分のペースで成長していましたが、自らがたえず学び続け、成長し続けたので、大人になったときには想像もできないくらいの実力を身につけることができたのです。

「うさぎと亀」のお話にも似ていますね。

すぐには信じられないような、数字上の計算ではありますが、実際に自分で学び続け、成長し続けられる人間になるのか、誰かにやらされないとできない人間になるのかで、短期的には差が見られなかったとしても、長期的な視点で見ると、非常に大きな差が生まれることになります。

この自分で学び続け、成長し続けるための力の源泉が、「好奇心」です。

親や教育者は、子どもの好奇心を育て、伸ばすことにフォーカスすることで、子どもが自ら学び続けられる人間になるのです。

そうすれば、10年後、20年後、30年後には、親が想像もつかなかった姿に子どもが成長しているはずです。

Curiosity

03
好奇心こそ東大・ハーバード合格の原動力

実は、先の話に出てくる亀タイプのＢ君は、私のことでもあります。

私は小さい頃から塾に通ったことがありません。小学校から高校まですべて公立校です。親から勉強しろといわれた記憶はほぼありません。

10歳くらいまでは、のんびりと自由に育ち、毎日外で友達や兄弟と一緒に遊びまわっていました。

外で見つけ出したクワガタを家で虫かごに入れて飼い、それを図鑑の知識と組み合わせて自由研究にしたりしました。

また、毎日野球やバスケットボールなどをして遊びながら、応援する中日ドラゴンズの選手の打率や防御率などを計算したり、マンガ『スラムダンク』に出てくるバスケットボールの技術を練習しながら、どうやったらうまくなれるかといったことばかり考えたりしていました。家にテレビゲームはないので、何かおもしろいことはできないかと考えては遊ぶ毎日の繰り返しです。

子どもらしい毎日ですが、自分が好きなこと、気になったこと、興味を持ったことをじっくりと自分で考えて取り組む生活でした。

10歳になって、母が癌になって療養生活が始まり、12歳で他界。その頃から、人はなぜ死ぬのか、限られた期間のなかで生きる意味ってなんだろうか、といったことも考えるようになりました。

高校生になると、父親も発展途上国への慈善活動のために家からいなくなり、アルバイトをしながら自分と妹だけで自活する生活になりました。家がかなり貧乏で、光熱費の請求にも困るくらいでしたから、なんで我が家はこんなに貧乏なんだろうと疑問に思ったり、将来のことに悩んだりしました。

生活費のために毎日アルバイトをしていたので、塾に通うことはありません。どちらかというと、「なんで勉強なんてしないといけないんだ」と、世の中の常識に対して斜めに構えていました。

そんな折、友人や先輩たちと全国のキャンプ地を旅する機会がありました。北海道のキャンプ場で見た満天の星と壮大な夕焼けの美しさに心を奪われ、「何十億年も前に放たれたはるか遠くの星の光が、いまこの瞬間自分に届いているってどういうことなんだろう？」「宇宙の果てはあるのか、どうやって始まったんだろう？」「いつもは青い空が夕方に太陽が沈むと、こんなに赤く染まるのはなぜなんだろう？」そんな疑問が次々と湧き上がり、自分のなかの好奇心が爆発する感覚を覚えました。

それから、図書館に通うようになって、宇宙物理学から哲学の本、それに『竜馬がゆく』などの歴史小説も読むようになりました。

天文学や宇宙物理学に興味を持つようになったことと、明治維新のように、世の中をよくするために社会を変えるリーダーになりたいという曖昧だけれども強い想いが湧き立って、「東大に行きたい」というはっきりとした目標ができました。私が猛烈に勉強するようになったのはそれからです。高校３年になる前の春でした。

「おもちゃのクルマ」にならないために

誰かに押し付けられたものではなく、自分自身が好奇心の赴くままにセカイを見つめ、自分なりに見出した道や生き方を貫くことで、いったん決めたことは最後までやり抜く力を身につけていったのだと思っています。それは、他人から見ると、亀のようにゆっくりとした歩みだったかもしれませんが、自ら学び続けるという「10%」ずつの着実な成長があったからこそ得られた力でした。

親から好奇心の芽を摘まれずに、自らも様々な機会を通して好奇心を刺激し、そこから湧き出るものを力に変えていったからこそ、現在の自分があります。

お金がなく塾にも通わず１年間の独学で東大に合格したことも、英語が苦手でも日本を飛び出してハーバードに合格したことも、その原動力は好奇心だったと断言できます。

好奇心は、内から湧き出る学びのエンジンです。

一度火をつければ、他人が止められないくらいの力を発揮します。自らの内にエンジンを搭載するのか、いつまでも他人から押してもらわないといけないクルマ（つまりおもちゃのクルマ）に乗っているのかの違いです。全ての教育プログラムや塾が用意されている高校卒業までは、他人に押してもらっていてもその差に気づきにくいかもしれませんが、大人になれば、エンジン搭載の「自動車」なのか、おもちゃのクルマなのかで、月とすっぽんくらい大きな差が生まれるのです。

04

世界のトップ層が重要視する力は知識よりも好奇心

私がより鮮明に好奇心に注目をし始めたのは、ハーバードに留学してからです。それまで東大を含めて日本では、知識や方法論である「how」を一方的に教え込まれる授業が多かったのに比べて、ハーバードでは「why」を問われることが多くありました。

それは入学試験で重要視されるエッセイにおいてもそうです。なぜハーバードでそのテーマを専攻して研究したいのか、それは自分自身のどういったバックグラウンドから生まれた問題意識からなのか、そして将来どのようにいかしたいのか、という問いにどう真摯に向き合うかが合否を左右するのです。入学後も、そもそもの問題意識がことあるごとに問われます。

私のハーバード留学時代に読んだ本で、世界的ベストセラーとなったジャーナリスト、トーマス・フリードマンの『フラット化する世界』（日本経済新聞出版）には、新しい時代における学びのあり方についてこう述べられています。

「どんなことでも、熱意と好奇心を持っていると、現在も将来も大きな強みになる。しかしフラットな世界では、仕事、成功、学科の分野、趣味ですら、好奇心と熱意がさらに重要になる。なぜなら、フラットな世界には、好奇心とそれを抱く人間の奥行きや幅をどんどん広げるツールが山ほどあるからだ。フラットな世界ではIQ（知能指数）も重要だが、CQ（好奇心指数）とPQ（熱意指数）がもっと大きな意味を持つ」

「熱意と好奇心がある子供は、みずから学び、みずからやる気をかきたてる。そういう子供は、いつでも学ぶ方法を学ぶことができる。ことに、アップロードもダウンロードもできるフラットな世界のプラットホームでは、それが容易にできる。努力は大事だが、好奇心のほうがもっと大事だ。好奇心の強い子供ほど一所懸命学ぼうと努力するものだからね」。

フリードマンが『フラット化する世界』で警鐘を鳴らしたのは2005年のことです。それから15年以上が経過し、時代はますますそのような方向に進んできています。

知的好奇心を重視する会社が生き残る時代

世界の企業の時価総額ランキングの推移（表1）を見ると、時代が大きく変化していっていることが一目瞭然です。平成が始まった1988年は、世界時価総額のトップ

５をＮＴＴ、日本興業銀行、住友銀行、富士銀行、第一勧業銀行と日本企業が総なめし、トップ10も日本企業が７社を占めています。これが2020年になると、日本企業はトップ10から姿を消し、最上位でもトヨタ自動車の世界32位です。

表1 世界時価総額ランキング1988年と2020年の比較

順位	1988年	国名	2020年	国名
1	NTT	日本	アップル	米国
2	日本興業銀行	日本	サウジアラムコ	サウジアラビア
3	住友銀行	日本	アマゾン	米国
4	富士銀行	日本	マイクロソフト	米国
5	第一勧業銀行	日本	アルファベット	米国
6	IBM	米国	フェイスブック	米国
7	三菱銀行	日本	アリババグループ	中国
8	エクソン	米国	テンセント	中国
9	東京電力	日本	バークシャー・ハサウェイ	米国

逆に、アップル、アマゾン、アルファベット（グーグルの親会社）、マイクロソフト、フェイスブックと、米国のIT系急成長企業が名を連ねています。

いま、子どもたちが親や先生に言われなくても、自ら進んでやることはなんでしょう。

YouTubeで好きな動画をみて、Googleで気になったことを検索することではないでしょうか。子どもたちがよく使うYouTubeもGoogleも、グーグルの親会社Alphabet社によるサービスです。

では、そのグーグル（Alphabet社）が採用で最も重視するスキルとは何でしょう。人材開発部長のジュディ・ギルバート氏は以下のように語っています。

「もちろん賢いことは重要だ。でも知的好奇心のほうがもっと重要だ。グーグルで成功する人は、すぐに行動を起こしたがる傾向がある。壊れている物を見つけたらすぐに直すような性格だ。問題を見つける能力も重要だが、見つけた問題について不満を並べたり、誰かがそれを解決してくれるのを待っていないこと。『どうすればもっとよくできるだろう』と自問すること。それからすべてにおいてコラボレーションが必要不可欠だ。周囲に多様な専門性を持つ人がいることに気がつき、彼らから学ぶ能力のある人物を私たちは高く評価する」（トニー・ワグナー著『未来のイノベーターはどう育つのか』英治出版より）

グーグル会長エリック・シュミットは著書『How Google Works』（日本経済新聞出版）で、「グーグルが採用したいのは、（変化の）ジェットコースターを選ぶタイプ、つまり学習を続ける人々だ。彼ら“ラーニング・アニマル”は大きな変化に立ち向かい、それを楽しむ力を持っている」と述べ、採用は一番大切な仕事であり、「ラーニング・アニマル」こそ採用したい人物像だと強調している。

グーグルを上回る勢いで急成長し、世界のトップ入りしているもう一つの企業がアマゾンです。このアマゾン社の大学採用ディレクターを務めるマリアム・パク氏は、求める人材像に関するCNBCのインタビューに対して、「絶え間なく好奇心を持ち続けること」がきわめて重要な要素だと強調し、「アマゾンはスタートアップのシリーズのようなところであり、会社として常に新しいアイディアを探求し、社員からのイノベーションを歓迎している」と述べています。（CNBC2017年８月15日記事「Top Amazon recruiter reveals how you can score a job at the retail giant」より）

世界を代表するジャーナリストも、世界を代表する成長企業も、知識や知能指数よりも、好奇心がより重要だと強調しています。

この時代が要請する変化に、日本は果たしてキャッチアップできているのでしょうか？

子どもたちをそのような観点で育てられていますか？

子どもたちが成人して社会に出て行く10年後、20年後には、この傾向はさらに増していくことでしょう。

子どもたちに勉強させて成績をよくすることが最優先で、好奇心を育てることは、余裕があればというくらいに考えていないでしょうか。それは大きな間違いです。

私たちは優先順位を逆にすべきなのです。

子どもたちの好奇心を育て、伸ばすことを第一優先に考えて、できる限りのことをしましょう。そうすれば、結果的に子どもたちは自ら学び、成長し、たくさんの知識を吸収し続けていきます。

05 好奇心の種を子どもの畑にまいて育てると、想像以上の花を開かせる

「さるかに合戦」という有名な民話があります。日本人なら誰もが子どもの頃聞いたり、読んだりしたことがあるのではないでしょうか。

その冒頭で、カニが持っていたおにぎりを、猿が柿の種と交換しようといってきます。カニは最初は嫌がりましたが、柿の種は植えて成長すればたくさんの柿の実がなるので得をするといわれて、交換することにしました。カニが実際に柿の種を植えて育てると、大きな木に育ち、たくさんの柿の実がなりました。

物語はそのあと合戦に続くわけですが、ここで注目したいのは、「柿の種」と「おにぎり」です。その場で美味しそうに見えて、すぐに食べられるおにぎりよりも、小さくてみすぼらしく見えて、すぐには食べられない「柿の種」のほうが時間が経つと大きな価値を生み出しました。

「おにぎり」を流行の知識やすぐに使えるノウハウ、「柿の種」を好奇心と捉えなおすとどうでしょう。流行

の知識やすぐに使えるノウハウは、「おにぎり」のように、その場ではすぐに役立つかもしれません。しかし、一度使ったらそれっきりで、時代や環境の変化によって使えなくなったり、継続して何か価値あるものが生まれるわけでもありません。

一方で、好奇心は「柿の種」のように、何かの試験の点数や資格の取得にすぐに役立つわけではありませんが、好奇心によって自ら学び続け、成長し続けることで、時間が経過すると大きな価値を生み出すことになります。

好奇心は「おにぎり」のように、すぐに使える結果が目に見えて現れるわけではないので、これまで家庭教育や学校教育のなかでなおざりにされてきました。しかし、好奇心を「柿の種」だと思うとどうでしょう。時間をかけてじっくりと育てていけば、たくさんの実がなるのです。

聖書にもイエス・キリストの言葉で、こんなたとえ話があります。

「天国は、1粒のからし種のようなものである。ある人がそれをとって畑にまくと、それはどんな種よりも小さいが、成長すると、野菜の中でいちばん大きくなり、空の鳥がきて、その枝に宿るほどの木になる。」（マタイによる福音書13章31－32）

好奇心は柿の種のようであり、からし種のようなものです。最初は小さく見えますが、時間をかけて育てることができると、どんなものよりも大きなものになります。

また、「魚を与えるのではなく、魚の釣り方を教えよ」という格言があります。発展途上国への援助でも、魚（金銭や物品）を与えるのではなく、魚の釣り方（ビジネス手法、技術、制度）を教えることで、その場かぎりの支援ではなく、持続可能な発展と自立を促すことができるという意味でよく使われます。

私はこれを一歩掘り下げて、**「魚の釣り方を教えるだけでなく、魚への好奇心を育てよ」**と付け加えたいです。釣り方というノウハウや技術を教わったとしても、魚を釣りたいと思う気持ちや、魚にどんな価値があるのかを感じていなければ、釣り方という技術は宝の持ち腐れになってしまったり、別の環境では通用しない技術になってしまったりします。

海や川には多様な種類の魚がいて、それぞれの魚には様々な味があり、料理の仕方がある。自分たちで食べることもできれば、加工することもできるし、ニーズのあるところに売ることで経済価値を生み出すこともできる。魚には学ぶべき無限の価値があり、もっともっと魚のことを知りたい、魚の釣り方や調理・加工の仕方、魚にまつわるビジネスの可能性を知りたいという「好奇心」を持つことができれば、何かを与えたり、教えたりしなくても、時間をかければ必ず価値あるものを生み出すことができるようになるのです。

発展途上国への援助でもそうですが、子どもの育て方でも同じことがいえます。

モノを与えるのは、その場で一番喜ばれますが、実際に役立つのは１日から数日です。

スキルを教えれば、１年から数年は役立つかもしれません。しかし、時代や環境、目的が変われば、また新しいスキルを教え続けなければなりません。

好奇心を育てることができれば、一生にわたって継続的な成長が可能になります。やがていくつものスキルを身につけ、様々なモノを手にすることになるでしょう。その場では目に見えないほど小さな種のようなものですが、時間が経って成長すると、大きな木になり、美しい花を開かせ、たくさんの実をつけることになるでしょう。

好奇心を育てることは子どもの畑に種を植えることです。

好奇心が学業成績にも影響を及ぼすことは研究でも明らかになってきています。ロンドン大学ゴールドスミス・カレッジのソフィー・フォン・シュトゥムは、5万人の学生を対象とした200件の研究データを収集し、学業成績の決定要因を分析したところ、知的好奇心が成績に対して勤勉さと同じくらい大きな影響を及ぼしていることを突き止めました。

こういった最新の研究結果を紹介している『子どもは40000回質問する』（光文社）の著者イアン・レズリーは、好奇心格差が社会格差を生み、経済格差を生み出すと警鐘を鳴らし、好奇心を伸ばすことの重要性を強調しています。

好奇心は自力で学び続ける力の源泉となるので、学業成績を継続的に向上させるという点からも、時代や環境の変化に対応して絶えず新しいことを吸収して成長できるという点からも、非常に重要な力なのです。

では、どのように好奇心を育てることができるのか。これから、その具体的な方法を紐解いていきましょう。

第1章

「国語」
「コトバ」が好きな理解力と表現力のある子に育てる

National language

01
学校生活が長くなるほど本を読まなくなるワケ

言語能力はすべての教科の基礎となり、あらゆる活動に関わってくる要素となるので、非常に重要な力であることはいうまでもありません。しかし、国語が好き、本を読むのが好き、文章を書くのが好きという子どもは非常に少ないのが現状ではないでしょうか。小さい頃からコトバに慣れ親しみ、学校でも最も時間をかけて国語の授業を受けているのに、国語への興味、コトバへの好奇心が年を重ねるたびに薄れていくのはなぜでしょうか？

公益社団法人全国学校図書館協議会の第65回学校読書調査（2019年）によると、**1ヶ月に1冊も本を読まなかった人の割合は、小学生で6.8%、中学生で12.5%、高校生で55.3%**です。

つまり、小学校から中学校、中学から高校と、学校生活が長くなるほど、子どもたちは本をまったく読まなくなる傾向にあるということです。小学生の約90%以上は毎月何らかの本を読んでいるのに、高校では２人に１人は本を読まなくなります。

この傾向は大学生も同じです。全国大学生活協同組合連合会の第54回学生生活実態調査（2019年）によると、**1日の読書時間が0と回答した大学生は48.1%にのぼります。**2017年は53.1%だったので、やや回復傾向にあるかもしれませんが、いずれにせよ大学生でもおよそ2人に1人は本を読まないという現状です。

小学生はより平易な本を読んでいるということも想定されますが、それにしても学校生活を重ねるほど本を読まなくなるというのはいかがなものでしょうか？学校は、子どもたちが本来持っていたコトバへの好奇心を摘み取ってしまっているのではないでしょうか？

私はというと、小学生の頃はあまり本を読みませんでした。一方で、マンガ『日本の歴史シリーズ』は、登場人物の顔と台詞を覚えるくらい読み込んでいました。そして、高校生になると、小さいときに培った歴史への好奇心の土台のうえに、あることがきっかけで本が好きになりました。大学生になってからは「本の虫」といわれるほど読み漁りました。社会人になった今でも相当な読書量が継続していますし、さらに本を書く立場にもなりました。

先に挙げた読書調査で、日本の子どもたちが学校教育を受ければ受けるほど本を読まなくなるのとは逆に、私自身は年齢を重ねるごとに物事への好奇心が深まり、広がり、本への愛情や探求欲が右肩上がりで伸びていきました。

好奇心を中心におくと、おいしいものを食べたいと思うように、本は自然と読みたくなります。そして、おいしいものを食べたときのように、喜びと満足感を得られ、知の栄養が成長につながります。

一方で、学校教育は経験すればするほど、コトバへの好奇心を削ぎ落とし、本を読みたくない人にしてしまいます。

本当にそれでよいでしょうか？

この章では、コトバへの好奇心を育て、おいしいものを食べるように本を読みたくなる人の育て方を紹介します。

02 ダジャレとクイズで遊びながら「コトバの力」を伸ばす

本を読むことは大事だと言われても、いきなり難解な分厚い本を読めるようになるわけではありません。その本に書かれていることを知りたい、その本を読んでみたいという好奇心が強まり、さらに読んで内容を理解し、咀嚼するだけの語彙力や理解力がともなわなければ、読みきることはできません。

子どものコトバに対する好奇心を自然と高め、結果的に語彙力を高める方法として、一つは「ダジャレ」をお薦めします。多くの子どもはダジャレが好きです。大人でもダジャレや語呂合わせをすると、楽しい気分になりますよね。

言葉を辞書で調べて、書き取りして、練習するのも勉強の一つの方法ですが、コトバへの好奇心を育てることを大切にして、日常生活のなかで楽しく実践することが、実は語彙力の強化にもつながります。

私は子どもたちとの会話でよくダジャレを言い合います。「ダジャレを言うのは誰じゃ？」のような古典的なものから、「醤油をとって」「しょうゆう（そういう）ことね」、「4000円なんて高すぎ晋作じゃん」、「こんにゃく今夜食う？」などなど。

親がダジャレを言うと、子どもたちも対抗するようにダジャレを言い始めます。

そうすると、楽しい遊びをしているうちに、これまで自分が出会ってきたコトバについて脳をフル回転させて考えることになります。

異なる文脈から似たコトバをつなぎ合わせることは、高度な知的作業だといえます。そして、新しいダジャレをつくり出すことができたら、子どもにとっては一つの達成感につながります。そして、コトバ遊びをすることで、楽しみながら語彙力や発想力、コトバへの好奇心が高まるのです。

ほかにも、私が子どもたちとよくやるのが「しりとり」や「クイズ」です。しりとりは解説の必要はないと思いますが、これも語彙力の強化につながります。子どもだけでなく親が一緒にすることで、親の語彙力を子どもに相続させることができます。

クイズはいろいろな種類がありますが、特になぞなぞクイズがおすすめです。「パンはパンでも食べられないパンはなんだ？」「フライパン」や、「パパが嫌いな果物はなんだ？」「パパイヤ」などですね。親がなぞなぞクイズを出して、子どもが答えるのに慣れてくると、今度は子どもがクイズを考えて出してきます。子どもが自分でクイズを考えるようになると、単に答えるよりももっとコトバへの力が身につきます。

こういった**親子での楽しいコトバ遊びのキャッチボールの積み重ねが、子どものコトバへの好奇心を高め、結果的に語彙力の強化につながります。**

さらには、**アウトプットとしての「表現力」や「コピー力」を鍛えることにもなります。**

＼ 親から子へ
クイズを出してみよう！ ／

私は広報の経験もあり、著作家やブロガーとしても活動していますが、大人になってからコピー力の重要性を日々実感しています。人々に分かりやすく伝わり、印象に残るような言葉を使うには、高度な技術が必要です。**ダジャレやなぞなぞは、くだらない遊びのようにも思えますが、実は印象に残る言葉を創造するコピー力のトレーニングでもあるのです。**

ハーバード卒のお笑い芸人と対談して気づいたこと

ハーバード大学出身のお笑い芸人パックンことパトリック・ハーランさんと対談させていただいたことがありますが、その対話力と頭のキレ、何よりユーモアのセンスにおどろきました。母国語ではない日本語にもかかわらず、言葉遊びやジョークが折に触れて会話に出てきて、話していて自然に楽しい気持ちになります。表現力や伝える力が非常に強いと感じました。

パックンは母子家庭で育ち、苦労していた母親を笑顔にしようと、よく冗談や変顔、いたずらをして笑わせていたそうです。母親を笑わせることで、自分が幸せになり、人を笑わせることの大切を実感したといいます。

そして、パックン自身が親になったいま、子どもがダジャレをいったとき、笑ってあげ、一緒になってダジャレを考えているそうです。

ダジャレは語彙力や想像力アップにもつながるので、一緒におもしろがることで、子どもがのびのびと成長すると推薦しています。

ダジャレやクイズ、ユーモアを交えて子どもと楽しみながら交わす言葉のキャッチボールをぜひ実践してみてください。子どもだけでなく、大人にとってもいい脳トレになります。

Point

ダジャレやクイズを親子で言い合って、
楽しみながらコトバの好奇心を育てていこう

03

日々の「読み聞かせ」が後の学力にいい影響をもたらす

私の夜の日課は、子どもたちに夕ご飯を食べさせ、お風呂に入れて、歯磨きをしたら、１日の終わりは絵本の「読み聞かせ」で締めくくられます。

特に、我が家では２歳から６歳くらいの年齢で絵本の読み聞かせにはまる傾向にあります。子どもが本棚から絵本を３冊から５冊くらいもってきて、「これよ～んで！」といってせがんできます。

アニメ絵本シリーズで定番の『長靴を履いたネコ』や『はなさかじいさん』、『一休さん』、『あしながおじさん』などもよく読みますし、『ヘレンケラー』や『ナイチンゲール』といった偉人伝記ものを読んでいると、読んでいる親も感動してインスピレーションが与えられます。

親子で本屋に行って、流行の絵本を買って読むことも多いです。**いい絵本は、絵やストーリーが印象的なだけでなく、言葉のリズムもよいので、言語への好奇心を刺激するのにもってこいだといえます。**

私自身も、貧しい家庭で育ち、塾にも私立にも通うお金はありませんでしたが、早くに亡くなった母から兄弟姉妹みんなで読み聞かせをしてもらった記憶が鮮明に残っています。兄弟姉妹が多いので、母の両脇は兄と妹に取られ、たいてい私は母の頭の上という「特等席」を陣取っていました。最近出てきた生前の母の手記にも、「夜寝る前の子どもたちとの読み聞かせの時間が一番幸せな時間だ」と記されていて、親子が同じ想いと時間を共有していたことを知り、母の声が聞こえた気がしました。

私自身が子どもの頃もそうでしたが、読み聞かせのスタイルは、布団をしいて親子で寝そべりながらリラックスして読むのがよいように思います。親子で密着して肌と肌を触れ合わせながら、お互いの体温でもコミュニケーションをはかるという感覚です。

「読む力」はすべての学力の基礎となる

国際学力調査 PISA で読解力上位常連のフィンランドでは、幼児の読み聞かせが伝統的に実践されています。フィンランド語では「勉強する」という言葉は使われず、代わりに「読む」という言葉が多用されているそうです。いうまでもなく、読む力はすべての学力の基礎になります。親の所得や学歴以外にも、**幼少期の読み聞かせが後の学力に正の影響を与えるという研究結果も示さ**

れています。

ぜひ夜寝る前の10分でも親子の読み聞かせの時間をとることをお薦めします。

ほとんどお金のかからない、誰でも実践できる最強の教育法だといえるでしょう。

絵本の読み聞かせのメリットは、単に子どもの語彙力や読解力を伸ばすのによいという点に留まりません。

親子が物語を通して「忙しい毎日のなかで忘れがちだけど、人生における大切なこと」を確認し合い、分かち合い、心と時間を共有することで、親子の絆が深まるのです。その親子の紐帯感が子どもにとっては絶対的な拠り所となり、何かに失敗したときも、何かに挑戦するときも、必ず帰ってくる場所があるという安心感につながります。親にとっても、親心を育み、忙しさのあまり忘れがちな大切なことに想いを寄せるよい時間となります。

Point

夜寝る前に10分間の絵本読み聞かせ時間を設けるようにしよう

04
気軽に読めるマンガで「のめりこむ読書体験」をさせよう

　好奇心を育てるのに特に重要なのは、ドキドキワクワク感、そして「のめりこみ体験」です。

「なんかすっげー気になるから、早く次のページを開きたい」

「何時間でも休憩なしでぶっ続けで読める」

　そんな気持ちになるくらい、のめりこんでいるということは、好奇心がエンジンとなり集中力が極度に高まっているということです。心理学の用語では「フロー」と呼びますが、分かりやすくいえば、時間を忘れてのめりこむという状態です。

　スポーツ選手であればそのスポーツが大好きでのめりこむという状態はイメージがつきやすいかもしれません。あるいは、子どもがテレビゲームにはまって没頭するのも、ある意味似た状態です。

　同じように、コトバや物語に対しての好奇心を高め、「のめりこむ読書」を子どもに体験させるのに、敷居が低く効果的なのはマンガにはまることです。

マンガは分かりやすく楽しいといった娯楽性が高いだけでなく、自らが絵を見て、コトバを読んで、ページを開くという能動的な行為が求められます。自分のペースで進め、自分の意思で時間を決められます。これらの条件が、のめりこみ状態をつくりだすのに最適なのです。

私は子どもの頃、ゲームを買ってもらえませんでした。ですが、学習マンガであれば様々なジャンルのものが家にありました。

小学校の低学年の頃、はじめは複数の偉人の短編がそろった短めのものを読んでいましたが、段々と長めで詳しいマンガ『日本の歴史』やマンガ『人物・日本の歴史』のシリーズを読むようになり、戦国時代など好きな巻は何度も繰り返し読みました。

東大生の約半数が幼少期に学習マンガを読んでいた

学習マンガに影響を受けてきたのは私だけではありません。雑誌『プレジデントファミリー』（2012年12月号）の特集「東大生184人親の顔」で、「学習マンガを読んでいた」の質問に対して、**同世代の若者が23.3%なのに対して、東大生は46.7%もの割合で読んでいたと回答しています。**

実に東大生の約半数が幼少期に学習マンガを読み、通常よりも倍近い値になっているのです。

『東大読書』『東大作文』（共に東洋経済新報社）などがベストセラーとなった西岡壱誠さんも、東大生に小さい頃に読んでいた本を聞くと、多くは『日本の歴史』などの学習マンガを挙げると話しており、学習マンガだけでなくマンガ好きな東大生は多いといいます。

私は、小学５年生くらいから、兄がマンガ『スラムダンク』を入手して家に持って帰ってきたので、それからバスケットボールが好きになりました。休み時間にはバスケをしながら、『スラムダンク』をのめりこむように読むという体験をしました。

正直な話をすれば、小学生から中学生にかけて、私は本を読むのはまだ好きでも得意でもありませんでした。でも、学習マンガやマンガは大好きでした。

好奇心という観点からいえば、それでもだいじょうぶです。**マンガにはまることで、「のめりこみ読書」の体験を積み重ねていたからです。**

私が本が好きになって読むようになったのは、高校１年からです。マンガ『お～い！竜馬』を読んで坂本龍馬と幕末にはまった流れで、市民図書館を見渡していると、司馬遼太郎の小説『竜馬がゆく』が目について、自ら手にとって読み始めてみたのです。

それから、まさにのめりこむように『竜馬がゆく』を読みました。１巻を読んだら次の巻をすぐに借りるということを繰り返し、長編小説でしたが、初めて自ら本を読破するという体験をしました。
この体験は、私が高校生で本好きになり、大学生で本の虫になり、そして社会人で本を自ら書く著作家になるという人生の転機であり、原体験でもあります。
しかし、これもさかのぼると、小学生の頃からマンガの「のめりこみ読書」を積み重ねてきたからこそ、『竜馬がゆく』との出逢いがあったといえます。
こんな経験を私自身がしてきたからこそ、子どもたちにはよくマンガを読ませています。長女が８歳頃にはまったのはマンガ『ハムスターの研究レポート』です。
おばあちゃんからプレゼントでもらったハムスターを飼うようになり、興味をもったので、妻がそのマンガを買ってあげました。ハムスターのかわいらしい生態を描いた４コママンガ集です。
すると、長女がのめりこむように読むようなり、これまで朝寝坊だったのが、自分で早起きしてまで読むようになりました。好奇心は眠気にも打ち克つのです。今は大流行の『鬼滅の刃』にもはまっています。
一方で、生き物好きの長男には、図鑑をよく読ませていたほかに、『シートン動物記』のマンガや、科学系学習マンガ『サバイバルシリーズ』を買ってあげていました。小学生低学年の頃は、こういった生き物系マンガをよく読んでいて、11歳になった今では生き物系であれば活字の本も読むようになりました。

マンガの「のめりこみ読書体験」がコトバやものごとへの好奇心を育み、やがて時がくれば本へとつながっていくことになるのです。

Point

マンガをきっかけにして、「読書体験」を「楽しい」経験にしていこう

05
自然に文章の読み書きを上達させるために大切なこと

文章を読んだり書いたりすることが、自分ごととしてではなく、「義務的にさせられている」と子どもが感じるようになっていたらまずい状態です。

本来、コトバはコミュニケーションのためにあります。自分が必要な情報を得たり、相手に知っておいてほしいことを伝えたり、お互いに気持ちを共有し合ったり、知識の獲得をしたり、自分の考えを整理したり、忘れないように大事なことを記録しておいたり、といった実生活でも必要不可欠な営みです。

それが段々と、読み書きは勉強のためのものであり、自分の実生活とは無関係というイメージがつきまとってきてしまいます。**書き言葉から「いのち」が失われ、コトバへの好奇心がなくなってしまうのです。**

そんなコトバにいのちを吹き込むために、私は親子による手紙のやりとりをお薦めします。

我が家では妻が、子どもが4歳以上になって字が読めるようになったら、子どもの誕生日のときに手紙を書いて渡しています。

普段会話でたくさん話していても、素敵な手紙を渡されたら子どもでも大人でもうれしいものです。４歳や５歳くらいだと、たどたどしく１字ずつ読み上げていますが、表情はとても満足感でいっぱいです。小学生になると自分でこっそり読みますが、やはりうれしそうな表情をします。

コトバにいのちが宿り、読むことが自分ごとになるのです。

その子のことをとても大事に想い、愛していること。その子のもっている個性や得意なこと、がんばっていることをしっかりと認め、ほめてあげること。

普段から子どもを観察して気づいていること、感じていることを一つひとつ具体的なコトバにして手紙に記します。

イベントごとや節目の日に「手紙」を書く習慣を

逆に、子どもが親に手紙を書くのもいい機会になります。母親の誕生日や母の日には父親が子どもに促し、父親の誕生日や父の日には母親が促すことで、子どもは書いてみようという気持ちになります。慣れてくると、子どもが自ら思いついたときに手紙を書いてくれることもあります。

「だいすきだよ」「いつもありがとう」などのシンプルな手紙ですが、親にとっては涙が出るくらいうれしいものです。そんな親の笑顔を見て、子どもたちもコトバを書くことの喜びを感じるものです。

「親力」で有名な教育評論家の親《おや》野《の》智《ち》可《か》等《ら》さんも、親子で手紙を書くことをお薦めしています。

お母さんの誕生日にお父さんと子どもでお祝いのカードを書いたり、お父さんのお弁当に、お母さんと子どもで手紙を添えたり、子どもの運動会などを見た感想を書いて子どもに渡したり、卒業式などの節目に手紙を書いたり。子どもはたとえ返事をしなくても、こうした手紙を大事にし、親に対する愛情や信頼感を強く感じるといいます。

また、親野さんが教師をしていたとき、作文など書く力が抜群に高い子がいたそうですが、その子はお父さんと親子日記を毎日楽しみながらしていたそうです。

お父さんの帰りが遅く話す時間がないため、親子で交換日記を始めたのですが、お父さんの返事がうれしくて毎日楽しみながら書いているうちに、自然と書く力が身についたそうです。

何かを表現すること、自分が伝えたいことをコトバで伝えること、コミュニケーションをとることは、まさに自分と直接関係のある行為です。

自分ごとだからこそ、強い動機をもつことができま

す。コトバへの好奇心は、自分ごと化することで生まれます。

そのスタートであり原点ともなるような、親子での手紙のやりとりをぜひ実践してみてください。

Point

親子で手紙をやりとりすることで、
読むこと、書くことが自分ごとと化していく

06 一緒にミニ絵本をつくって「創造性」を伸ばす

コトバへの好奇心はできあがったものを読んで吸収するだけでなく、自らがつくり出して表現することによってさらに増幅します。子どもが子どもらしさをいかしながら、自由な発想で表現できるアウトプットの方法として絵本をつくることがあげられます。

私は中学生の頃、学校の授業で絵本をつくるという取り組みをしたことがとても印象に残っています。そのときは、ジャックと豆の木のような物語と雲の上で雷様が雨を降らすことを組み合わせて、水不足を救うという絵本を創作しました。自分にとって初めての本という「作品」でもあり、テストで高得点を取るのとはまったく質の異なる、いつにない満足感を得られた記憶があります。いつか本当に自分のつくった本が書店に並んだらいいなあ、とぼんやりながら思うようになりました。

子どもにとって絵を描くことは比較的楽しい作業です。自分の好きなもの、想像をふくらませたことであればなおさらです。

一方で、文章を書くのが苦手で嫌いな子はたくさんいます。多くの子どもたちの悩みの種である読書感想文はその最たる例です。

では、絵を中心にして、そこに短い言葉を組み合わせたらどうでしょう。好きな絵を描きながら、その絵が話し出すような感覚で文章を書いたらどうでしょう。自分の描いた絵が想像力を刺激して、自然とコトバが浮かんできやすくなります。

そして、難しい文章にしなくても、絵がコトバを補助してくれるので、作品としてまとまりやすくなります。小さい頃から「読む」ものであった絵本を、なんと自分でもつくることができてしまった！という達成感、満足感が目に見えるかたちで得られるのです。

遊びの中で文字を書いてもらうことが大事

お茶の水女子大学子ども発達教育研究センター発行の『幼児教育ハンドブック』でも、文字への興味関心を引き出す活動として、カルタづくりや看板づくりのほかに、つくっておいた絵本や紙芝居の台紙に、子どもが絵を描き物語を考え、教師がサポートして文字を書き込む絵本づくりの活動を、応用編として推奨しています。

上手に書くことではなく、遊びのなかで文字を書いてみようという気持ちが大切だからです。

私の子どもたちにもオリジナルの絵本をつくらせてみたことがあります。

５歳の娘には、絵を自分で描かせて、字は少し助けながら取り組みました。

８歳と10歳の上の子たちは、こうやってつくってみてとガイドをして、材料を用意してあげたら、楽しそうに自らつくり上げました。

上手かどうかは気にせず、
横で子どもをサポートして
あげてください！

10歳の息子は大好きなザリガニくんを主人公に、５歳の娘は「ねこちゃんとくまくん」というとてもシンプルな絵本ですが、なんだが味わいのあるものになりました。特に、５歳の娘は、「またやりたい」と何度も言って、自ら続きを書き進めました。オリジナル絵本を親子でつくるという手法は創造性や発想力、表現力、コトバや物語への好奇心を伸ばすのに非常に優れた方法なのではないかと思うようになりました。

そこで、周りの友人や私が主宰するオンラインサロンのメンバーなどに協力してもらい、絵本づくりの親子ワークショップをやってみたところ、それぞれの子どもたちが楽しそうに自分なりのオリジナル絵本をつくっていました。

こういった経験をベースに誰もが実践できるワークブックにしようと2019年12月に出版したのが『そうゾウくんとえほんづくり』(KADOKAWA) です。

ワークを積み重ねていくと、オリジナルキャラクターをつくったり、キャラクターや場面設定をしたり、物語の起承転結を考えたりしながら、最後にはオリジ

ナル絵本を完成させられるという仕掛けになっています。ぜひ多くの家庭で実践してみてもらいたいです。

完成したオリジナル絵本を本棚や学習机、リビングなどに飾っておくと、自分の創作した作品が、売られている名作絵本と並んでいるという自信を得ることにつながります。また、コトバや物語がどこか遠い世界のものではなく、自分ごととして捉えられ、身近なものとして感じられるようになります。

Point

オリジナルの絵本を一緒につくって
コトバの好奇心を育てよう

07
書店で子どもと一緒に本のお宝探し

コトバへの好奇心がたどり着く行き先は、シンプルですが本が好きになることです。コトバによって構築された本のセカイを読んで味わうことができ、もっと読みたいという気持ちになれば、あとはどんなことでも自分自身で学び、吸収するようになります。

とはいえ、本を全く読まない人が高校生や大学生でもおよそ半数いるくらい、簡単なことではありません。

これまで挙げてきたような方法で、コトバへの好奇心を刺激し、育てていきながら、大人が強制するのではなく、自然なかたちで本を読んで楽しいと思える体験をたくさん積むことが理想的です。

まずは、子どもがいま何に興味があるのかをしっかりと観察して把握することです。そして、その興味にあったもので、かつ読みやすいものを探し出します。はじめのうちは、子どもが自分で読みたいと思える本を探し出すには限界があるので、親がインターネットや書店、図書館などで探します。そして、その本をプレゼントとしてあげたり、子どもの本棚やリビングの机の上に置いておくとよいです。

大人の視点で読ませたい本ではなく、その子が本当に読みたいと思えるものを探し出すことがポイントです。

たとえば、我が家では生き物好きの息子には、『タマゾン川　多摩川でいのちを考える』（著：山崎充哲、旬報社）や『さかなクンの一魚一会』（著：さかなクン、講談社）、『ナンコレ生物図鑑』（著：佐々木洋、旬報社）などをプレゼントしてきました。さかなクンがテレビで魚の詳しい解説をしているのに息子が食いついている様子をみて、本をプレゼントしたり、プロ・ナチュラリストの佐々木洋先生の生き物探しワークショップに参加したら、すかさず佐々木先生の本を買ったりします。

長女はハムスターが大好きで、マンガ『ハムスターの研究レポート』にはまったので、『幸せなハムスターの育て方』（岡野祐士　今泉忠明監修、大泉書店）という本も買いました。必ずしも物語や字だけの本でなければいけないわけではなく、子ども自身が本を読んだら役に立つことや楽しいことがたくさん書いてあるんだという体験をすることが重要です。

子どもが読みたい本を1冊プレゼントする

また、我が家ではよく親子で書店に行きます。子どもたちは絵本や児童書のコーナーに行って、自分で好きな本を手にとって立ち読みします。一人1冊買ってあげるというと、自分で読みたいと思う本を選んできます。

いわば書店で宝探しをしているような感覚です。駄菓子屋さんでお菓子を買ったり、おもちゃ屋でおもちゃを選んで買ったりするのと同じです。**自分が好きなもの、気になるもの、読んでみたいと思えるものを自ら選ぶことで、特別な宝物を見つけ出すような感覚を味わい、選んだ本への愛着へとつながります。**

本はその子一人ひとりにとって特別な宝物にもなり得ます。親が選んでプレゼントするときも、子どもが自ら選んで見つけ出すときも、その子の興味と好奇心に合った宝物との出逢いの機会をつくっていきましょう。

Point

子どもの好きなものをリサーチして、
書店で本をプレゼントしてみよう

08
親の書いた文章を読ませよう

私が子どもの頃、父が家族のことや父と母との出会いなどを記した手記を読んだことが強い記憶に残っています。私の両親は大分県出身ですが、父は杵築《きつき》、母は臼杵《うすき》の出身のため、二人は杵《きね》と臼《うす》の結婚で、ぴったりの夫婦なんだというようなことを述べていました。話でもよく聞かされていたのですが、他人も読むような手記に書かれていて、本当にそう思っているんだということを感じ、うれしい気持ちになったことを覚えています。

親として考えていることや大事に思っていること、親自身が興味のあることを、文章というかたちに残る形式でまとめ、子どもにも読んでもらうことは、実は子どもにとって特別な経験となります。普段は身近すぎるけど改まって真面目な話を聞くことが少ない親の考えが、まとまった文章になっているとき、子どもからしたら読んでみたくなるものです。

私自身も親の手記が本棚に置いてあったものを見つけ出して、自分で関心をもって読んでみました。

自分がそんな経験をしてきたので、子どもたちにも私が書いた文章を読んでもらえるよう、さりげなく配置しています。雑誌のインタビューや投稿で載った記事を、子どもが読んでみようと思えるようにリビングの机の上に置いておいたり、これまで出版した本は子どもの本棚と同じ本棚に並べたりしています。

必ずしも本や雑誌である必要はなく、ブログやフェイスブックに文章を書いたときも、子どもと関係のありそうなことを書いたら、スマートフォンの画面を見せて、こんなこと書いたよと読ませたりしています。

子どもたちは一見大きな反応を示していないようにみえても、心のなかで何かを感じ、それが種まきとなっているのではないかと思います。

親子で手紙をやりとりするのは、直接のコトバのキャッチボールです。**一方で、社会に向けて親が書いた文章を子どもが読むということは、子どもが自分の親を「社会のなかで生きる大人」として捉え、その意味をコトバとして理解する作業になります。**コトバが社会のなかに存在していること、それが他人事ではなく身近なものになることが、コトバへの好奇心を育む糧になるのです。

Point

子ども以外に向けて書いた自分の文章を
子どもに見せてみよう

09
親子の対話が好奇心を育て語彙力を伸ばす

カンザス大学の児童心理学者ベティ・ハートとトッド・リズリーは、生後9ヶ月から3歳までの42家庭の子どもを追跡観察しました。調査の結果、家庭環境の違いによって、専門職についている家庭の子どもと生活保護世帯の子どもとでは、3歳の終わりまでに聞く言葉の数は、3000万語の差がありました。

また、子どもに対する親の反応や、言葉による承認の回数にも大きな違いがありました。そして、**親が話しかける言葉が多いほど、子どもの語彙力は速く増え、3歳児とその後のIQも高かったのです。**

家庭の言語環境の質と量の違いによって、子どもの語彙力に大きな差が生まれるというのです。この研究は、「3000万語の言語格差」として有名になりました。

この研究を踏まえ、シカゴ大学の小児人工内耳外科教授で社会学者のダナ・サスキンドは著書『3000万語の格差：赤ちゃんの脳をつくる、親と保育者の話しかけ』（明石書店）で、言語環境を豊かにするために心がけるべきことを、以下の「３つのＴ」として提唱しています。

Tune In　　：子どもが集中していることに保護者も集中する
Talk More　：子どもとたくさん話す
Take Turns：子どもと交互に対話する

　子どもが何をしているのかを観察して、子どもが関心をもっているところに自分を寄せていくことが「Tune In」。
　子どもがしている行動や思いをコトバにして解説したり実況したり、具体的なコトバで展開し、内容を膨れませることが「Talk More」。
「なぜ？」「どうやって？」などの開かれた質問をはさみながら、一方通行ではなく子どもと交互に対話をすることが「Take Turns」。
　これらの３つのＴを実践することが、子どもにとって豊かな言語環境をつくることになります。
　こういった言語環境づくりは、まだ十分に子どもがコトバを使いこなすわけではないが脳の発達に重要な影響を及ぼす３歳までがとても重要であるという研究結果からの示唆ですが、４歳以降もまた重要であることには変わりありません。

４歳以降は、家庭での言語環境に加えて、保育所・幼稚園や学校、その他様々な社会における言語環境が子どもに影響を及ぼします。

そこでも周囲からの３つのＴの働きかけが、語彙力を伸ばし、応用できる力を育みます。

子どもの好奇心が及ぶ対象に対して、大人も一緒になって興味を持ち、具体的なコトバによって話を展開し、膨らませる。そして、「なぜ？」や「どうやって？」のような問いかけによって、子どもの思考を深め、好奇心をさらに刺激するように働きかけます。親子の豊かな対話が、子どもの語彙力と好奇心というベースをつくっていくのです。

Point

親と子どもの会話の質と量が
言語能力に大きく影響する

今すぐできる親子ホームワーク　親子で手紙交換をしよう！

親から子への手紙	
いつ	誕生日／進級する4月／お正月／夏休み 初めて親元を離れ合宿等に行くとき／発表会 その他（　　　　　　　　　　　　　　）
内容	（例） その子が生まれたときのこと。 その子をとても大事に想い、愛していること。 その子のよいところ、個性、がんばっていること。 最近がんばってできたこと、成長したこと。 これからも親として応援したいこと。

子から親への手紙	
いつ	父／母の誕生日／進級する4月／お正月 夏休み／初めて親元を離れ合宿等に行ったあと その他（　　　　　　　　　　　　　　）
働きかけ	（例） 母親の誕生日にお母さんを喜ばせられるよう手紙を書こうと、父親が子どもに促す。 一緒にレターセットを買いにいって、書いてみようという気持ちを醸成する。 どんなことを書いたらよいか分からず困っていたら、お母さんに普段してもらっていて感謝していることや、お母さんのよいところや、自分ががんばりたいと思っていることなど、自分の素直な気持ちを書いてみるように促す。

第2章

「理科」

「シゼン」が好きな観察力と没頭力のある子に育てる

Science

Science

01
シゼンは好奇心を育てる「最高の教材」

好奇心を育てるのに自然は「最高の教材」です。子どもと自然豊かな場所に行ったことがある人であれば、誰もが感じていることだと思いますが、子どもたちは自然のなかに行くと、目をキラキラ輝かせながらいきいきと全身を動かして遊びます。

子どもの好奇心が刺激され、解き放たれることを感じるはずです。

自然のなかに飛び込むと、家や学校、幼稚園・保育園といった屋内での日常生活では得られないような、非日常の刺激が子どもの好奇心を呼び覚ますからです。

レキットベンキーザー・ジャパン社が2012年、幼稚園および小学校教諭400人を対象に行ったアンケート調査によると、「“好奇心旺盛な子ども”を育むために必要だと思うことは何ですか」という問いに対して、「自然に触れさせること」が94.2％と１位で、「外遊びをさせること」が87％と２位でした。

一方で、「習いごとをたくさんさせること」は5.5％と下位にとどまりました。

では、それらが「最近の子どもに十分足りていると思うか」という設問には、「自然に触れさせること」では82.5%、「外遊びをさせること」では77.3%が「足りていない」という回答でした。

教育者であれば誰もが、自然に触れることによって子どもの好奇心が育つと考えているのに、それが足りていないと感じたまま放置している、そんな大きな矛盾の状態にあるのが日本の教育の現状なのです。

もちろん、都市化の進行によって周囲に豊かな自然が少なくなったというのも一つの要因でしょう。

しかし、それだけでなく、自然に触れることで、子どもたちの好奇心を育み、成長させるための方法を大人が知らないというのも大きな原因といえるかもしれません。

スウェーデンのストックホルム大学のマッテオ・ギュスティ教授、スウェーデン農科大学のクリストファー・M・レイモンド教授らが、小中高等学校、国立公園、環境保護団体、地方自治体、国際機関など世界22カ国200機関275人の専門家へのアンケートを行い、子どもがどこでどのように自然とのつながりを持つかを評価するための子どもと自然とのつながりについての調査研究を行いました。(『Frontiers in Psychology』, 04 January 2018)

この調査では、自然活動のなかで得られる子どもにとって重要な経験の要素を上位から以下の通り挙げています。

1）没頭する感覚
2）子どもの自発性
3）思考を深める
4）畏怖
5）身体的活動
6）挑戦
7）メンターとの関わり
8）創造的な表現
9）驚き

　自然が子どもにとってよいということは、誰もがなんとなく感じていることですが、自然のなかで得られる経験をこのように要素分解すると、それらの経験が子どもの好奇心を刺激し、本質的な学びへといざなうことが分かります。

「没頭する感覚」、「子どもの自発性」、「思考を深める」といった経験は、これからの時代に特に求められる力ですが、子どもを大自然のなかに連れて行くと、子どもが本来持っている力がシゼンと刺激されるのです。

　環境問題についていち早く警鐘を鳴らし、著書『沈黙の春』が世界的ベストセラーとなった科学者レイチェル・カーソンは、こういった自然のなかでえられる神秘さや不思議さに目を見はる感性を「センス・オブ・ワンダー」と称し重要視しています。

カーソンは以下のように語っています。

「美しいものは美しいと感じる感覚、新しいものや未知なものにふれたときの感激、思いやり、憐れみ、賛嘆や愛情などのさまざまな形の感情がひとたびよびさまされると、次はその対象となるものについてもっとよく知りたいと思うようになります。そのように見つけ出した知識は、しっかりと身につきます。」

子どもにとって自然は好奇心を育むための最高の教材です。

では、自然を教材にして、より具体的にどんな活動を実践すれば、子どもの好奇心を育てることができるのか、本章ではその方法と具体例を紹介していきます。

02 自然のなかで学べる「没頭」する感覚が大事

好奇心を育てるといっても、あまり肩肘を張りすぎないことも大事です。大人があれこれと押し付けるのではなく、豊かな自然環境のなかで、子ども自身が心地よく自由な気分になり、「シゼンタイ」になって心と身体を興味の赴くままに動かすことが大切です。

たとえば、３歳の私の娘は、大きな公園に行くと、木の枝をたくさん拾って集めるのが大好きです。親が集めてと指示したわけでもなく、ただひたすら木の枝を集めるのです。お兄ちゃん、お姉ちゃんと遊ぶときは、集めた小枝を使ってキャンプごっこ、お料理ごっこをするときもありますが、一人でもひたすら集めます。

こんなとき、親は「なんでそんなもの集めるんだ」とか、「危ないからやめなさい」とか、「早く帰るよ」と、横槍を入れてはいけません。**子どもにとっては、自然のなかで快適さを感じ、気になる対象物（ここでは木の枝）に対して好奇心をもって、集めるという行為に没頭しているのです。**

時間を忘れて何かに没頭すること。それも、テレビやゲームなど外からの人工的な刺激によってではなく、自然のような空間のなかで、自らの内側から湧き出る興味によって時間を忘れて没頭することが、好奇心を育み、集中力を高める経験になります。

この３歳の娘は、ある日突然、自分でひらがなを読み始めました。まだ幼稚園で習ったわけでもないので、親もびっくりしたのですが、その理由があったのです。実は、ボタンを押したらひらがなの読み方の音声が流れるおもちゃを家においてあったのですが、それをひたすら自分で繰り返し遊ぶことで、勝手にひらがなを覚えてしまっていたのです。

時々そのおもちゃで一緒に遊ぶこともあったのですが、ほとんどは自分ひとりでやっていました。おそらく、娘にとっては、自然のなかで木の枝を集めるのに没頭しているのと同じ感覚で、ひらがなを覚えることに興味を持ち没頭していたのだと思います。

ひたすら自由に没頭させてあげる

ここでお伝えしたいのは、**早く文字を読めるようになったらよいということではなく、自分の好奇心のままに何かに没頭するという感覚を持つことは、その後の人生であらゆることにいきてくる、大事な力になるということ**

とです。その感覚を養うのに、自然のなかでシゼンタイになって、子どもが興味をもったものに対してひたすら自由に没頭させてあげることが実は効果的なのです。

この場合、親は特別な知識がなくてもかまいません。子どもを自然に連れて行き、危なくないように見守って、時間をたっぷり与えてあげればよいのです。子どもたちは必ず何かに没頭し始めるでしょう。

Point

自然に自由に触れさせることで、
好奇心の芽が育っていく

03
イキモノ探しで「発見の喜び」を知る

子どもと一緒に公園にお出かけし、遊具を使って遊ぶと子どもたちは確実に喜びます。

ここまではどの家庭でも実践していることだと思います。そこから一歩踏み込んで、より自然豊かな公園で、森林や池の周りなどを、子どもと一緒に好奇心のメガネをかけてじっくりと散策してみましょう。

自然豊かな地方はもちろんですが、たとえ都会の公園でも、じっくりと注意深く観察すると、様々な虫やイキモノを発見できます。チョウやテントウムシ、カナブン、セミ、トンボ、アリ、ダンゴムシ。それぞれが特徴をもっていて、種類も様々です。

ヘンテコリンなかたちをして自然のなかに隠れているイキモノは、子どもたちにとってまさに「動く宝物」です。宝探しをするような感覚で虫を探してみましょう。

子どもたちが興奮して、アドレナリンを放出しているような様子になったら成功です。時間も忘れて「没頭」するという感覚です。

そして、見つけたときの「いたー！」「ミッケー！」という瞬間に、喜びと興奮がクライマックスに達します。**この「没頭」と「発見の喜び」こそが、子どもたちの脳と全身に蓄積され、好奇心を育てる重要な栄養素になるのです。**

イキモノを探すといっても、種類によってそれぞれ難易度が異なります。

幼児で小さい子の場合、夏であれば初めはセミの抜け殻を探すのもよいでしょう。夏の公園に行けば必ずといってよいほど、たくさんのセミの抜け殻があります。動く成虫とちがって、すぐに見つけられ、子どもでも自分で取ることができます。

子ども自身が
イキモノを見つけたときの
「没頭」と「喜び」が大切

虫が苦手という女の子やお母さんにもハードルが低いでしょう。私は娘たちと一緒に親子でセミの抜け殻を100個以上集めたりしました。たくさん見つけられるので、子どもが自分で見つけて集めるという達成感を味わうのにもってこいです。子どもは宝物を集めることも大好きです。

イキモノ探しは自由研究にもおすすめ

その次に、セミの成虫を捕まえてみましょう。子どもは素手だと難しいので、虫取り網を使います。「道具」を使うのも、子どもにとっては本格的な気分を味わえますし、目的を達成するために「工夫」することを学べます。初めはセミにおしっこをかけられて逃げられる失敗を繰り返すことになりますが、慣れてくると、見事虫取り網におさめることができるようになるでしょう。動いて逃げるものをあきらめずに挑戦して捕獲に成功するという体験は、大きな達成感、強い成功体験になります。セミにも、ミンミンゼミやクマゼミ、アブラゼミ、ヒグラシなど様々な種類があり、それぞれ形や鳴き方が異なります。そういった違いや特徴をよく観察することも、知的好奇心を育むのにもってこいです。

我が家では小学1年生の自由研究として、近所の昆虫マップをつくりました。模造紙に近所の地図を描いて、子どもが昆虫を見つけた場所にその昆虫の写真を撮って貼り、名前と体長などを記しました。夏休みなので、セミが多くいましたが、ミンミンゼミやアブラゼミなど種類の違いに興味を持って、人に伝える機会になりました。

夏以外の季節でも、たとえばダンゴムシなどは1年中発見できます。大人はあまり好きではない人も多いと思いますが、子どもはたいていダンゴムシが大好きです。ダンゴのかたちになってコロコロと転がるのがおもしろいのでしょう。ダンゴムシは岩や朽木の下にたくさん生息しています。公園で岩や朽木を持ち上げて、探してみましょう。いるかなとワクワクしながら持ち上げて、発見できたときの、「いたー！」という喜びはやはり好奇心の栄養素になります。

公園や自然のなかに隠れ潜んでいるイキモノを「発見する喜び」を何度も味わうことで、子どもの好奇心は大いに刺激され、着実に成長していきます。

Point

「いたー!」という体験は喜びや
達成感を味わえるとっておきの遊び

04

小川や池で ザリガニを釣って、「戦術」を学ぼう

イキモノを見つけたり、捕まえたりしようとすると、より工夫が必要になってきます。すると、子ども自身が好奇心を発露としながら、どうやったら捕まえられるかという思考を自発的に深める行為につながってきます。どうすれば目的を達成できるか、いわゆる「戦術」を考えるようになるのです。

虫取り網はセミやチョウを捕まえる基礎的な道具ですが、より工夫が必要で、かつ子どもでもできるものとして、私がお薦めしたいのがザリガニ釣りです。

ザリガニ釣りは、身近な公園の池や小川で、意外にも釣れるところがたくさんあります。私は都心の渋谷区在住ですが、歩いて5分で行ける大きな公園の池でザリガニがよく釣れます。

初めは長男とその公園に出かけてザリガニ釣りに挑戦してみましたが、半年くらいは何度やっても釣れませんでした。でも、いることは分かっていたので、えさを工夫したりして、あきらめずに挑戦したら、最初は親であ

る私がザリガニ釣りに初めて成功しました。息子は半分うれしそうでしたが、自分自身が釣ったわけではないので内心は悔しがっていました。そこで、今度は息子が自分で釣れるようになるまで公園に通いました。すると、今度は息子自身が親の助けを借りずに釣れるようになったのです。半年以上かけて、あきらめずに挑戦し続けてよかったと、心底思いました。

息子のなかで、何事にもあきらめない気持ちと、どうすれば釣れるようになるかを考える戦術的思考の芽生えた瞬間だと思います。その後、息子はほぼ毎週末公園に行って、ザリガニを何匹も釣って帰るという生活が続き、その公園で「ザリガニ名人」「師匠」として有名になるくらいになりました。子どもたちだけでなく、親や外国人も、大量のザリガニを釣る息子を見て、どうやったら釣れるのか興味津々に聞いてきたりします。ザリガニ名人として、息子がいかに好奇心をさらに伸ばしていったかは、後でも触れたいと思います。

東大卒の名社長も没頭していた「ザリガニ釣り」

ザリガニ釣りに没頭した例は、ちょっと「変わった」私の息子以外にもいいモデルがあるのでご紹介します。

ミドリムシの食品や化粧品などへの活用で東大卒業後に起業し、年間150億円以上の売上をあげるユーグレナ代表取締役社長の出雲充氏は、小学生の頃ザリガニ釣りにはまった経験を持っています。大好きだったマンガ『こちら葛飾区亀有公園前派出所』（こち亀）で主人公の両さんがザリガニの養殖で大もうけする話を読んで、自分もやってみようと思ったそうです。マンガにあったように最初はスルメをえさにしましたがまったく釣れず、イチゴ大福やどら焼き、リンゴ、ミカンなどいろいろな食べ物で挑戦してみたところ、さけるチーズが一番釣れたという体験をしました。まさにザリガニ釣りのために、どのえさが一番効果的かを「実験」し、「戦術」を考えたうえで成功させた経験だといえます。

また、両さんのように捕まえてきたザリガニを養殖して、高級レストランに売れるのではないかと、ザリガニの増殖にチャレンジすることにワクワクしたといいます。出雲氏は自身の著書『僕はミドリムシで世界を救うことに決めました。』（ダイヤモンド社）のなかで以下のように語っています。

「失敗続きではあったが、当時から自分は生物、それも増えていくものにただならぬ興味があったように思う。その頃は生物学の知識などもなかったので、どういう仕組みで増殖するのかは理解していなかった、『生き物がひとりでにどんどん増えていく』ということに対して、何か非常にワクワクする気持ちを覚えた。」

こういった幼少期の成功体験が現在のビジネスの源泉

となっているミドリムシの大量培養の成功につながる原体験になったのではと、ご自身もよくメディアなどで発言されています。（『週刊東洋経済』2018年５月12日号より）

ザリガニ釣りは、釣り竿がなくても、木の棒とタコ糸とちょっとしたエサがあれば実践可能です。適度に難しいですが、コツをつかむと比較的容易に釣ることができるので、子どもにとってはがんばれば成功できる、ちょうどよい難易度だといえます。

ザリガニはちょっとハードルが高いという方や、近所に池や小川がないという方にはチョウの採集もお薦めです。見た目がきれいでかわいらしいですし、種類もクロアゲハやモンシロチョウ、モンキチョウなど豊富です。また、虫網でつかまえようとしても、飛翔する動きが複雑で、簡単には捕まえられないため、工夫が求められます。注意深く観察していると、チョウが同じルートを飛んでいることに気づき、「蝶道」の概念を学び、そのルートに待ち伏せて捕まえるといった戦術も工夫できます。

子どもが自発的に没頭し、自らが戦術を考えて、実際に成功するという経験を持つことが好奇心を伸ばし、実践的思考力につなげるポイントです。

Point

「ザリガニ釣り」を通して、
成功体験を育もう

05
見つけたイキモノは図鑑とネットで調べ、「リサーチ力」をつけよう

自分で発見したものや捕まえたイキモノに対して、子どもは強い好奇心を持っています。その好奇心の熱が高まっているうちに、それがどんなものなのかをより詳しく調べて、理解を深めることを促しましょう。

具体的には、発見したものや捕まえたイキモノを家に持ち帰るか、もしくは写真を撮りましょう。そして、その写真を手がかりに、まずは図鑑を開いて調べてみます。

昆虫図鑑や爬虫類図鑑、水辺の生き物図鑑、動物図鑑、植物図鑑など、様々な図鑑を家にそろえておくとよいです。最近の図鑑は、写真もきれいで、子どもでも読みやすいように工夫されているものが、各出版社から出ています。まだ文字が読めない幼児でも、DVDの映像と連動した図鑑もあるので、まずは映像から入って、連動した図鑑を見るという手順もおすすめです。私の長男は、そのDVD付き図鑑の先駆けである講談社の『動く図鑑MOVE』のシリーズを２歳から見はじめました。

発見したイキモノの写真を見ながら、該当するページを子ども自身に探させて、どの種なのかを特定させます。同じセミでも、ミンミンゼミなのかアブラゼミなのか、チョウならどの種なのか、それぞれの名前や特徴などを一緒に読んで確認してみましょう。

図鑑を調べて、自分が発見したリアルなものと照合して確認するという作業は、芽生えた好奇心をより深化させるのにもってこいの知的作業です。

図鑑であれば、自分が発見した種の隣には、似ているけど少し異なる別の種もたくさん並んで紹介されています。知識を身に付けるだけでなく、「こんな違いがあるんだ」、「次はこの種を捕まえてみたい」といったように、好奇心がより深まり、ひろがることがとても大事です。

脳科学者で東北大学教授の瀧靖之氏は、賢い子とは好奇心の高い子であり、子どもの好奇心を高めるのにバーチャルとリアルを結びつけるツールとなる図鑑が適していると薦めています。

著書『16万人の脳画像を見てきた脳科学者が教える「賢い子」に育てる究極のコツ』では、「バーチャルとリアルを結ぶことで、子供の好奇心を刺激できれば、子供は自ら学びを深めていきます。

本人たちも、「自分が努力して勉強している」という意識は持たないものです。伸びる子の親というのは、バーチャルとリアルを結びつけ、子供の好奇心を強くする取り組みを「意識的に」行っているのだと思います。」と語っています。

ときに珍しい種を発見すると、子ども用の図鑑には載っていない場合もあります。そんなときは、「すごい珍しいのを見つけたんじゃない？」「もしかして新種かも⁉」と子どものワクワク感をあおりながら、インターネットで検索して調べてみましょう。

自分が見つけたものを探し出して特定することができるのも、知的喜びにつながります。

せっかくの動く宝物であるイキモノを発見したら、必ず図鑑やインターネットで調べて種を特定し、その特徴を確認します。初めは親子で実践し、習慣化できると、子どもが自分でもできるようになります。こういった好奇心を発露にした「リサーチ力」は、どんな学びや研究、ビジネスにも応用の効く力です。

特に、リアルと図鑑を照合しやすいイキモノや自然は、好奇心からリサーチ力を伸ばすのにもってこいの素材だといえます。

Point

見つけたイキモノは図鑑などで調べて
楽しみながらリサーチ力を鍛えよう

06

カブトムシを卵から成虫に育てて、「成長と育成」を学ぼう

イキモノが好奇心を育てるのによい点は、その場で動くというだけでなく、時間をかけて成長するという点にあります。

捕まえてしばらく観察して終わりではなく、長い期間飼ってみると、目に見えた大きな変化と成長を遂げます。その一番分かりやすい例が、昆虫が卵から成長し変態していくプロセスです。

長い期間継続して一つの対象に好奇心を向けられるようになることによって、好奇心旺盛な子どもがよく陥りやすい飽きっぽさを克服し、好奇心を持続し何かをじっくりと究めたり、続けることで成長させたりする力を育むことができます。

その代表例としてお薦めなのが、カブトムシを一年かけて卵から成虫に育てることです。

私の家では、渋谷区の自宅近くの公園ではカブトムシを見つけることができませんでしたが、夏休みに家族で行く自然豊かな場所で、毎年カブトムシやクワガタを捕

まえています。

初めて捕まえることができた１年目は、うれしさのあまり大量に飼ったのですが、オス同士がすぐにけんかして死んでしまったり、メスの数が足りなかったり、卵を産むのに十分なマットを入れていなかったりと条件がそろわず、卵から幼虫に成長しませんでした。

２年目は、カブトムシの繁殖のさせ方を親子であらかじめ学習して臨みました。オスとメスをペアで虫かごに分け、メスを多めに飼い、オスは大きくて強いものを厳選し、けんかしないよう虫かごを分けました。そして、メスが産卵しやすいように、マットを多めに入れて環境を整えました。すると、夏の終わりにはカブトムシの成虫たちは死んでいきましたが、20個以上の卵を産んでいたのです。

その卵を育成マットに丁寧に入れ替えて、霧吹きで水分調整をしながら待つと、見事幼虫になりました。幼虫はたくさん糞をするので、今度は糞とりの作業を子どもたちと一緒にやることが、週末の恒例行事となりました。そうして１年かけて大事に育てた幼虫は、段々と大きくなり、やがてさなぎになって、夏には見事立派なカブトムシとしてマットから出てきたのです。このときの感動は、親子ともども忘れられません。

毎日、カブトムシが出てきていないかを楽しみに虫かごを覗いていました。

子どもたちにとっても、卵から幼虫に、そしてさなぎを経て成虫になるという成長のプロセスをつぶさに観察し、１年かけて苦労して自分で育てることで、好奇心をじっくりと持続させ成果を確認することができたよい経験になりました。

好奇心をエンジンにしながら、長い期間を通して「成長と育成」を経験することができるのは、自分自身の成長のために何かを継続したり、将来人を育成したりするのに役立つ経験になるでしょう。

あとで詳述しますが、このときの成長と育成を記録にとっておくこともお薦めします。

卵のとき、初めて幼虫になったとき、１齢幼虫から２齢幼虫、３齢幼虫に段々と大きくなっていく様子、さなぎのとき、そして成虫になったとき、これらの節目に記録を残しましょう。

ノートに絵と文章を残すのがよいですが、文字がまだ書けない年齢の場合は写真を撮っておくだけでもよいです。

こうやって成長していったんだということを、あとで振り返られるだけでも、成長と育成のプロセスと自分が成し遂げた成果をより実感しやすくなります。

我が家ではカブトムシを卵から成虫に育てるのは３年間続けました。娘たちも楽しんでいましたが、一番興味をもっていたのは息子です。

昆虫が苦手な子は植物を育ててみる

昆虫を育てるのは、女の子よりも男の子のほうが関心を示しやすい傾向にあるかもしれません。その場合、植物や野菜の種を植えて、家庭で育てることもお薦めです。

毎日水をあげると、小さな種がやがて芽を出して成長し、葉っぱをつけ、花が咲き、そして実をつけるという成長のプロセスを経験することができます。野菜であれば、なった実を収穫し、実際に食べることもできます。

成長のプロセスを経験することが大事！

我が家では植木鉢でミニトマトやピーマンを育てています。昆虫は父親が担当ですが、ミニ菜園は母親やおばあちゃんが子どもたちと一緒に育てています。

植物や野菜を育てることも、好奇心を長く継続させ「成長と育成」を学ぶことのできるいい実践方法です。もちろん、性別に関係なく子ども自身が好奇心をもったものに、時間をかけてトライできるように促し、見守ることが一番です。

Point

成長と育成を通して、
好奇心をじっくり育てていこう

07

イキモノノートで「観察力」を磨こう

私の息子はよく捕まえたイキモノの特徴と絵をノートに書き記しています。一番大好きでたくさん飼っているザリガニはもちろんですが、カマキリやカブトムシの幼虫、クワガタ、魚など様々です。初めは絵もさほど上手ではないし、虫の名前と種類くらいでしたが、段々と細部まで観察してリアリティある絵が描けるようになったり、特徴もマニアックな内容を書き記すようになりました。たとえば、小学１年生のとき、代々木公園でプロ・ナチュラリスト佐々木洋先生の観察会に参加したときのイキモノノートです。

「ナニコレ生ぶつ見つけたもの：アズマヒキガエル（子ども）、ハラビロカマキリ（子ども）、スズメガ

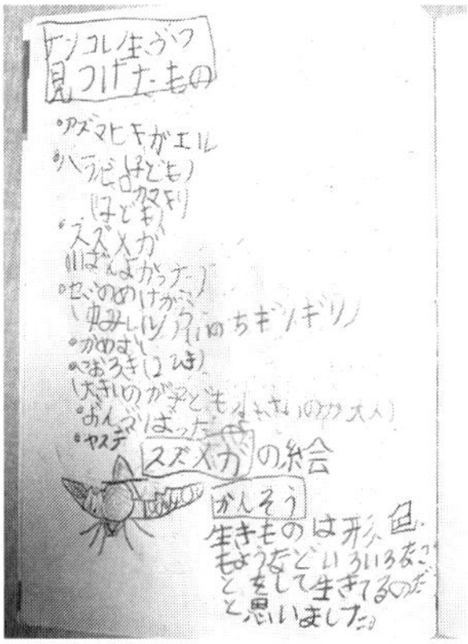

実際のイキモノノート

（1ばんよかった）、セミのぬけがら、かめむし、ころろぎ（2ひき）大きいのが子ども小さいのが大人、おんぶばった、ヤスデ

かんそう：生きものは形、色、もようなどいろいろなことをして生きているのだと思いました。」

絵はスズメガを描いています。このときは、種類はたくさん書けていますが、一つひとつの特徴までは記されていません。

次に小学2年生のときのイキモノノートに記したザリガニについてです。少し長くなりますが、本人が書いたものをそのまま紹介します。

「小さなザリガニは、あさいところやきしべにいるからあみでかんたんにすくえる。大きいザリガニは、ふかいところにいるからむずかしい。

大きなザリガニをつりたいときはザリガニつりをする。ザリガニつり糸の下にクギや石などのおもりをつける。えさはメザシ、スルメ、ちくわでもよいがけいにくのかわなど生のえさがよくつれる。（まあくんたちのえさはちくわ）ザリガニは、春のおわりから、あきのはじめくらいにつれる。池のまんなかよりもきしにちかいところや木のぼうなど、かくればしょのありそうなところでつる。そっとさおを上げる。

ザリガニは、ほかの生きものばかりでなく、ザリガニどうしでもはさみでつかみかかります。ながいひげにべつのザリガニのひげがふれたりすると、すぐにはさみをひろげてとびかかりけんかをはじめます。

（はる）サクラがなると土の中もあたたかくなる目をさます。

（なつ）水がすくなくなり、あつくなりすぎていわの下ににげるザリガニたち。

（あき）水がつめたくなるとあまりうごかなくなりものかげにかくれる。

（ふゆ）あきのおわりから春のおわりまでふゆごしする。

おわり」

ザリガニ釣りを１年通して複数の場所でやってみた結果、エサや大小による違いだけでなく、季節や場所による違いにも触れ、書き残せるようになっています。また、釣ったザリガニを家でたくさん飼って観察しているので、けんかする瞬間なども描写できるようになっています。ほかにも、ザリガニが何を食べて何を食べなかったのか実験してみて、イキモノノートに記しています。キャベツ、魚、貝、煮干、しらす、きゅうり、さきいか、さしみ、チータラ、ちくわ、ザリガニのえさ、サラダの12種類の表に、○、△、×などで食べたか食べなかったかを記録しています。

これらのイキモノノートは、初めはノートを買って息子に書いてみることを促しましたが、すぐに息子自身が興味をもって、自らノートに書くようになりました。文章や絵を書くアウトプット力だけでなく、好奇心をエンジンにしながら物事への「観察力」を磨く楽しい実践になっています。

世界的経営思想家も実践していたトレーニング

このイキモノノートは我が家の息子だけでなく、世界の経営学の大家も実践していたトレーニングです。世界的なベストセラービジネス書で『ビジョナリー・カンパニー』という本があります。

私も大学生時代に初めて読んで感銘し、実際にマネジメントに携わるようになった今でも繰り返し読み返すことがある名著です。この本の著者であるジム・コリンズは、少年時代、大の虫好きでした。よく虫を捕まえ、瓶に入れ、何日間も観察し、虫の行動、食べたもの、動きを実験ノートに一つ残らず記録していたといいます。

大人になると、彼はヒューレット・パッカードに就職しましたが、世界的な大企業での仕事でも心からの満足は得られませんでした。

そこで、少年時代によくやった、虫を観察して実験ノートに書き留めるという方法を、今度は自分自身に応用させました。

実験ノートのタイトルに自分の名前をつけて「ジム虫」と書き、それから1年以上、自分自身の行動や仕事ぶりを細かく観察しました。

まるで、少年時代に虫の行動を観察したように。そうして、1年以上、実験ノートをつけ続けると、あるパターンが浮かび上がりました。

彼は複雑なシステムに取り組んでいるときや、人に何かを教えているときが最高に楽しいと感じるということが鮮明になったのです。

そして、彼はシステムについて誰かに教える仕事をしようと決意し、ヒューレット・パッカードを辞め、学界の道を選びスタンフォード大学で教鞭をとることにしました。(『クリエイティブ・マインドセット：想像力・好奇心・勇気が目覚める驚異の思考法』トム・ケリー＆デ

ィヴィッド・ケリー著より）

ジム・コリンズは自分自身の真の強みと可能性を、まるで子どもが昆虫観察をするかのように自己観察することで導き出したのです。その成果が、世界的ベストセラー『ビジョナリー・カンパニー』につながったといえるでしょう。

このベストセラーシリーズ自体も、世界的に成功し、成長し続けている様々な業界の優良企業をつぶさに観察し、その共通点や法則を導き出して、分かりやすくまとめているという特徴があります。

少年時代に好奇心とともに昆虫ノートで磨いた「観察力」が、自己分析だけでなく、自身の専門分野とした企業研究にも発揮され、経営学の大家として成功する力になったといえるでしょう。

Point

イキモノノートで観察力が磨かれる

08
好奇心を「表現する場」を提供する

好奇心が発露して、イキモノを捕まえたり、育てたり、観察したり、ノートに書いたりすると、自然とその気持ちを子ども自身が表現したくなります。

我が家の子どもたちが通う小学校ではスピーチの時間があり、子どもが自由にテーマを決めて話すという場があります。イキモノへの好奇心があふれる息子は、このスピーチの時間でも毎回、イキモノについて話します。初めは、ホワイトライオンについてなど、テレビで知ったことを調べてスピーチをしていたようです。それから段々と、ザリガニの釣り方や、どんなエサを食べるかなど、自分自身が実際にやって経験したことをスピーチで話すようになりました。近所の公園の池で釣ったザリガニの実体験の話なので、クラスの友達もとても関心を示してくれたようです。自分自身が得意なこと、好きなことを話すので、本人もスピーチが得意だと感じるようになりました。

スピーチやプレゼンなど、人前で話をして、何かを表現することは、日本の教育で足りないところです。
苦手意識を持っている人が多いと思いますが、自分が好奇心をもって調べたり、経験したりしたことで、他の人にも伝えたいという強い想いが湧き出るものであれば、自然と表現できるものです。

プレゼンのスキルやスピーチの話法といった技術論ではなく、好奇心の発露として表現するという経験の積み重ねが、もっと調べたい、もっと発表したいという好循環を生み出すのです。

さかなクンの好奇心の原点

また、長男はイキモノの絵を描くことも大好きです。きっかけは観察ノートから始まったのですが、段々と本格化していきました。
その大きな後押しになったのが、『さかなクンの一魚一会』（講談社）という本でした。テレビでも大活躍し、東京海洋大学客員准教授もつとめるさかなクンは、長男のあこがれでもあります。そこで、さかなクンがどういう経緯で魚を好きになり現在に至ったのか、その人生が綴られた本を、妻が長男に買ってプレゼントしました。イキモノの師としてあこがれるさかなクンの本なので、長男も食い入るように読んでいました。
さかなクンは小学校２年生のときにタコを初めて知

り、その得体の知れない姿に大興奮して興味関心を持ち、タコの絵を描くようになったそうです。

そして、次はウマヅラハギと、魚の絵を描くことに段々と没頭していくことになりました。

さかなクンのお母さんは、担任の先生に「授業中も魚の絵を描いてばかりで、授業にまったく集中していません」と苦言を呈されても、「あの子は魚が好きで、絵を描くことが大好きなんです。だからそれでいいんです」と我が子をかばったそうです。

そして、いつもさかなクンのことを後押ししたそうです。さかなクンの現在があるのは、お母さんが本人の好奇心の芽をつまずに、トコトン伸ばしてあげたことも大きいでしょう。

さて、さかなクンが、魚の絵をたくさん描いていたというエピソードに刺激され、長男もイキモノの絵をたくさん描くようになりました。

長男の好きなテレビ番組に、日曜日19時30分から放送される「ダーウィンが来た！」というイキモノを紹介する番組があります。NHKの大河ドラマが始まる前に放送されるので、知っている人も多いかと思います。そこで、視聴者からのイラスト紹介というコーナーがあり、そこにイキモノの絵を描いては投稿するということをやり始めました。なかなか採用されなかったのですが、何度か挑戦し続けた結果、番組の公式ブログに２回掲載されました。

ほかにも、東京都内の小学校に配布されている『エコチル』という環境系の子ども新聞があります。

この新聞の表紙に、毎号読者から投稿されるイラストが掲載されているのですが、長男はここにもよく投稿していました。これも何度かあきらめずに挑戦したところ、ウシガエルとタイワンハブを描いた「ペットははなさないでね」というポスターイラストが表紙に掲載されました。外来種が生態系を壊してしまっていることに問題意識を持っている長男は、ポスターを描いてエコチルに掲載してもらうことで、この問題を多くの人に呼びかけられればと思ったようです。

全校生徒にも配られる新聞ですから、学校でも話題になり、本人もちょっとした達成感を味わえた経験でした。

テレビ番組や新聞などのメディアも、ただなんとなく見ていれば受動的に情報が入るだけで終わってしまいます。

でも、自ら湧き出る好奇心をもって対すれば、自分が主体的に関わって、そこで何かを表現したいという気持ちになります。

息子のイラスト投稿も、はじめは親がやってみたらと後押しして、封筒に住所を書いて切手を貼って投稿する方法を教えましたが、あとは本人が自らやり続けるようになりました。

好奇心を表現する場を提供すること。その表現をしっかりと認めて、評価して、大事にしてあげること。その繰り返しが、さらに好奇心を深め、拡げ、刺激していくことになるでしょう。

Point

**人前でのスピーチやイラスト作成など、
好奇心を表現する場を提供してあげよう**

09
セカイには見たこともない神秘が隠されていることを知る

今まで見たことのないものを初めて見たとき、「ナニコレ⁉」「スッゲー！」と驚嘆し、興奮する気持ち。それこそが人間を人間たらしめてきた知的好奇心の源泉ともいえます。

自然のなかに飛び込み、自然を深く観察すると、そういった興奮するような発見に出会うことができます。好奇心を育てるのに、絶好の環境が自然です。

自分の存在を包み込むような大きなセカイのなかに入り込んで「没頭」し、その大きなセカイのなかで秘かに隠れている未知のものを「発見」する喜びを知り、力強く生きる小さな生命体をじっくりと「観察」し、なぜだろうと不思議に思ったら自ら「探求」し、発見の興奮を心の動くままに「表現」する。

「セカイってすごいなあ」「知らなかったことを知ることってメチャクチャ楽しいなあ」「こんなカタチをしたものがこんな動きをするなんて不思議だな」「初めてやってみることってドキドキワクワクするなあ」。

そんな気持ちが好奇心を育て、学び続けたいというエンジンを全身に搭載することになるのです。

アインシュタインの遺した言葉

相対性理論などを提唱し、20世紀最大の物理学者と称されるアルベルト・アインシュタインは、「聖なる好奇心（a holy curiosity）」として有名な以下の言葉を遺しています。

「私は特別な才能があるわけではありません。情熱的なほど好奇心があるだけなんです。（中略）

あなたのしていることの理由を考えるために立ち止まってはならない。なぜ自分が疑問を抱いているかを考えるために立ち止まってはいけない。大事なことは疑問を持つことを止めないことだ。好奇心はそれ自体で存在意義がある。人は永遠や人生の神秘、そして実在の背後にある驚くべき体系の神秘について熟考すれば、必ず畏怖の念にとらわれる。毎日この神秘のたとえ僅かでも理解しようと努めれば、それで十分である。聖なる好奇心を失うな」。

（ウィリアム・ヘルマンス著『アインシュタイン、神を語る』工作舎より）

セカイには神秘が満ち溢れていること。まだまだ知らないこと、見たことがないものがたくさん隠されていること。アインシュタインの言葉を借りれば、「聖なる好奇心」。そんな気持ちを心のなかに持っていることが、あらゆる学びのエネルギーになるのです。

アインシュタインに並んで、シュバイツァーも伝記に出てくる外国人として有名な一人です。

聖路加国際病院院長をつとめ、数々のベストセラーを出版し、105歳で亡くなった日野原重明氏も、少年時代からシュバイツァーに憧れて医者を目指すようになったそうです。ちなみに、早くに他界した私の母もシュバイツァーに憧れていました。

アフリカで医療活動に従事し、ノーベル平和賞も受賞したシュバイツァーは「生命への畏敬」という有名な言葉を遺しています。

それは、小さな蒸気船でアフリカの川をさかのぼっていたおり、カバの群れに出会ったときにひらめいた言葉だそうです。大自然のなかに力強く生きるカバの群れという強烈なエネルギーが、シュバイツァーの魂に火を灯したのかもしれません。そして、この「生命への畏敬」が、シュバイツァーを未開の地での医療活動や平和への奉仕へと駆り立てる力になりました。

「聖なる好奇心」と「生命への畏敬」。難しい言葉ではありますが、人が大自然に包まれ、その神秘に触れたときに、自然と感じる心のあり方なのかもしれません。

そして、自然と一つになったときに至る境地でもあるのでしょう。子どもも大人も、大自然のなかで一体となり、「聖なる好奇心」と「生命への畏敬」を持ち続けることが、人生の大きな力となっていくでしょう。

Point

**未知の体験を多く経験するためにも
自然の中に出かけよう**

10 好奇心トップのスウェーデンにおける自然教育

OECDが行う国際学力調査PISAの結果として、日本の子どもの学力が世界で何位になったなどと報道されることがあります。PISAほど知られていないですが、同じOECDが行う大人の学力の調査である「国際成人力調査（PIAAC）」というものもあります。

16歳から65歳を対象に、読解力、数的思考力、ITを活用した問題解決能力が評価されるのですが、さらには知的好奇心を調べる項目もあります。「私は新しいことを学ぶのが好きだ」という項目に自分がどのくらい当てはまるかを回答するというものです。

2012年のPIAACにおける、この知的好奇心の指数の各国の結果を見ると、日本は23か国中22位と最下位から２番目に位置しています。

「全く当てはまらない」を０点、「ほとんど当てはまらない」を１点、「ある程度当てはまる」を２点、「当てはまる」を３点、「非常に当てはまる」を４点とすると、日本の平均点は2.298、トップのスウェーデンは3.242と大きな差が開いています。各国の指標の点数と順位は以下の通りです。

知的好奇心の国際比較（PIAAの2012年データより作成）

	国名	指標
1	スウェーデン	3.242
2	アメリカ	3.225
3	デンマーク	3.224
4	フィンランド	3.214
5	キプロス	3.161
6	スペイン	3.141
7	カナダ	3.138
8	ノルウェー	3.132
9	フランス	3.017
10	イタリア	2.947
11	オーストリア	2.902
12	アイルランド	2.895
13	イギリス	2.891
14	ドイツ	2.862
15	オランダ	2.810
16	ベルギー	2.739
17	スロバキア	2.724
18	チェコ	2.671
19	ポーランド	2.650
20	エストニア	2.630
21	ロシア	2.494
22	日本	2.298
23	韓国	2.145

日本は知的好奇心が低く、アメリカやスウェーデン、デンマーク、フィンランドなどの北欧諸国は知的好奇心が高い傾向にあることが読みとれます。こういった傾向は大人だけでなく、子どもにも同様にもみられます。

スウェーデンをはじめとする北欧諸国の特徴の一つとして、環境教育・自然教育を広く取り入れていることが挙げられます。

スウェーデンの公立保育園では約８割が、自然に興味を持ち、自然感覚を育むことを目的とした「森のムッレ教室」という教育法を導入しています。

自然のなかで思いっきり体を動かして遊び、生き物や植物と触れ合うことで自然界のエコロジーを学ぶ教育法です。スウェーデンでは60年以上の歴史ある教育法で、幼児だけでなく小学生を対象とした同様の教育も充実しています。

スウェーデン農業大学のパトリック・グラーン教授らが1997年に研究した報告によると、自然をいかした大きな庭のある野外保育園のほうが、プロの建築家が設計した大人の目に美しい都会の保育園よりも、園児の創造性や集中力、運動神経が高い傾向にあったといいます。（『幼児のための環境教育～スウェーデンからの贈りもの「森のムッレ教室」』新評論参照）

北欧諸国と日本において、知的好奇心の差が生まれる要因の一つが、自然教育にあるのかもしれません。自然を通して子どもの好奇心を育む方法はたくさんあります。

自然は子どもの好奇心を伸ばす生きた教材の宝庫。ぜひ子どもと一緒に、自然にたくさん出かけてみてください。

Point

生きた教材として、
子どもと一緒に自然へとたくさん出かけてみよう

今すぐできる親子ホームワーク

近所の公園でイキモノをみつけて、図鑑で名前と特性を確認し、観察ノートを書こう！

イキモノかんさつノート
年　　月　　日
名前：
体長：　　　　　　　　ミリ
発見場所：
特徴：
のっている図鑑『　　　　　　　　　　　　　』　　　ページ

第3章

「保健体育」

「カラダ」を動かすのが好きな自信とやる気のある子に育てる

Health and physical education

01

カラダを動かして練習することで、「為せば成る感覚」を身につける

身体的活動、つまりカラダを動かすことは幼少期・少年期においてとても重要な活動です。

カラダを動かすことは身体能力、運動能力を伸ばし、健康を育むのはもちろんですが、それだけでなく知能や好奇心を育てるのにも効果的なのです。

スイスの心理学者ジャン・ピアジェは、幼児期の認知機能が身体感覚によって育つことに注目しています。ピアジェは発達理論に基づき、以下の活動教育論を唱えています。

1. 子どもは自由な自発的活動を通して発達する
2. 子どもは身の回りの環境と相互作用しながら発達する
3. 子どもは自分で探索した知識を巡って、その考えの過ちに気づき、それを自ら修正しながら、発達する
4. 子どもは誕生以来身体を使って考える
5. 子どもの思考は「感覚運動的知能」の働きから出発

し、子どもの活動体験を通して、安定性と柔軟性を持った「操作的思考」へと、各発達段階をたどりつつ、歩みを進めていく

6. 各段階の思考構造は、前段階の思考構造を基盤としながら、子どもの活動を通してつくられていく。したがって、子どもに必要なのは、各段階を確実に踏みしめていく活動である

子どもがそれぞれの年齢段階で習得すべきことに合わせて、自らが自発的に身体を使って活動しながら、じっくりと取り組み、知的好奇心や達成欲を最大限に働かせることが重要だというのです。

私は子どもの頃、1日中外で遊び続けていました。今でこそ、本を読むのが趣味であるくらい好きですが、子どもの頃は室内にいるよりも外遊びが大好きでした。小学校卒業までは、勉強も学校以外でした記憶はほとんどありません。外で野球やボール遊びをしたり、ちょっとした探検をしたり、木登りや近所の壁をよじ登ったり、とにかく体を動かすのが大好きでした。

カラダを使って遊んだり、運動したりしていると、ちょっとしたコツをつかむような感覚を何度も実体験します。こうやって腕をふってみると、前より少し速く走れた感覚をつかめ、実際に友達をかけっこで抜くことができた。身体全体を使ってバネのような弾みをつけると、

ボールをより遠くに投げることができた、といったような身体感覚を自然と身につけていった気がします。そうしながら、毎日充実感、達成感を味わい、少年時代を過ごしていました。

自らがカラダを動かしながら何かをつかむようなこういった感覚を、私は「為せば成る感覚」と呼んでいます。

塾や習い事に通うでもなく、毎日、広い外の空間で自由な時間を、自らカラダを動かして遊び、考え工夫しながら楽しむことで、ちょっとした「為せば成る感覚」をたくさん積み重ねてきました。自分で考える癖や、何事もポジティブにとらえ理屈を超えて自然と物事に興味が湧いてくるような好奇心は、このときから育まれていたのだと思っています。

実は、カラダを動かすことで得られる「為せば成る感覚」は、好奇心を育むのにとても重要なのです。

02

「思わずカラダが動き出す」が好奇心と運動神経を伸ばすキホン

公園に子どもたちを連れて行くと、目を輝かせていきいきと遊びだします。遊具を使って遊んだり、広場ではしゃぎまわったり。子どもはエネルギーのかたまりであり、そのエネルギーが外に向くように環境を用意すると、物事への集中力や、新しいことに挑戦してみようと思うチャレンジ精神が自然と発揮されます。

公園で動き回って遊ぶことは、当然、身体能力を高めるのにもよいのですが、興奮して思わずカラダが動き出すような感覚を積み重ねることで、実は好奇心を伸ばすことにもつながります。

我が家では、息子だけでなく、娘たちもアスレチックが大好きです。大きなアスレチック施設で遊んだことが忘れられず、言葉の意味も分からず「ワスレチックにいきた〜い！」とよくせがんできます。

なぜ子どもはアスレチックが好きなのか。見たこともないような様々なかたちの障壁が用意され、これまでやったことのないようなカラダの動かし方をしてみると、見事にクリアできた！難関を乗り越えるには頭も使って、カラダを工夫して動かします。そんなちょっとしたチャレンジと達成感を連続的に味わい、エネルギーを発散できるのがアスレチックの醍醐味です。

新しい難関を前にするとワクワクする。どうやったらクリアできるか自分のカラダを動かしながら自然と考える。次の挑戦はなんだろうと新しいステージに向かっていく。**クリアしたら「できた！」と全身で喜ぶ。そんな一つひとつのココロとカラダの躍動が、子どもが本来持つ好奇心を刺激し育むのです。**

私は毎週末、子どもたちを公園に連れていきますし、平日は妻が毎日、幼稚園に通う前の下の子を公園に連れて行っています。私は育児休業をこれまで４回取りましたが、そのときは毎回、下から２番目の２歳児の子を自転車に乗せて、ありとあらゆる公園を巡って公園探しの冒険に出ていました。公園によって環境や遊具が異なるので、毎回新しい遊具に挑戦することができ、好奇心に刺激を与えられるからです。なかには15以上の滑り台が充実している公園があったり、ターザンロープのある公園、大きなジャングルジムがあったり、タコのかたちや、ロケット型の滑り台があったりと様々です。ほかにも、２章の理科で紹介した、息子とザリガニ釣りをした公園も、これらとは別の近所の公園です。

自分たちの住む街全体が冒険島であり、巨大アスレチックだと思うと、毎日がワクワクする探検になります。見たことのない新しい遊具のある公園に行けば、子どもは好奇心を全開にして、思わずカラダが動き出します。「あれやってみたい！」「なにあれ⁉ どうやってやるの⁉」とココロが動き、カラダが自然と動き出す経験の積み重ねが、好奇心から行動へ、行動から実体験へ、実体験からまた次の好奇心へと好循環を生み出します。

身体運動は、運動神経や体力づくりのためとだけ考えている方も多いかもしれませんが、実は「思わずカラダが動き出す」経験によって好奇心を伸ばすことにもつながるのです。ぜひ、子どもを公園に連れ出し、できれば、様々な種類の公園を巡る冒険の旅に出てみてください。

Point

様々な公園を巡って
カラダが自然と動き出す機会をつくってあげよう

03 親子体操で「体当たりコミュニケーション」

身体運動は公園や外でだけでしかできないわけではありません。家のなかでも実践可能で、実は幼少期における重要な活動の一つとなります。それが親子体操による身体運動です。

代表的な親子体操**「高い高い」**は、誰もが知っていると思います。子どもの両脇を大人が持って、勢いよく思いっきり上に持ち上げる体操です。

0歳児から9歳くらいまで、確実に子どもは大はしゃぎして喜びます。「もっともっと！」と何度もせがまれるので、大人の立場からしたら、腰や腕がきつい運動になります。子どもの立場からすれば、自分が日常生活ではできないようなダイナミックな動きを体感でき、普段の視点とは異なる高い視点からセカイを見下ろすことができるので、まるでジェットコースターに乗っているような感覚です。

10代にもなれば、ジェットコースターに乗るとドキドキワクワクしてアドレナリンがたくさん出る感覚になりますよね。大人になってもそうだと思います。子どもにとって「高い高い」は、そんな感覚を得られる親子体操なのです。

同様に代表的な親子体操として**「ヒコウキ」**もあります。大人が床にひざを立てて座り、子どもの両脇を大人が両手で持って、子どもの腰を大人の足で支えて仰向けになることで、子どもが飛んでいるような体勢をつくる運動です。これも、子どもがまるで飛んでいるような感覚になれるので、大人気の親子体操です。「キーン」という効果音をつけたり、「スリー、ツー、ワン、発射！」と雰囲気を出したり、「東京発ニューヨークに出発しま〜す」と飛行機ごっこをしたりすると、さらに盛り上がります。我が家の場合は、最後に子どもの両脇を持っている私の手で子どもをコショコショとくすぐると、子どもが空中で大笑いして転げ回って終了というパターンが多いです。これも本山テーマパークの大人気アトラクションになっています。

３つ目の定番が**「つかまり逆上がり」**です。あまり正式名称がなく、我が家では「グルリンパ」と呼んでいます。まずは、大人と子どもが立って向き合い、両手をつかみ合います。そして、子どもが大人のひざやお腹に自分の足つけて、登っていきます。大人のお腹から胸のあたりまで登れたら、子どもが逆上がりをするように全身を回転させて着地します。

その間、大人がしっかりと子どもの両手をつかんでおいて、安全を確保し、運動を補助します。

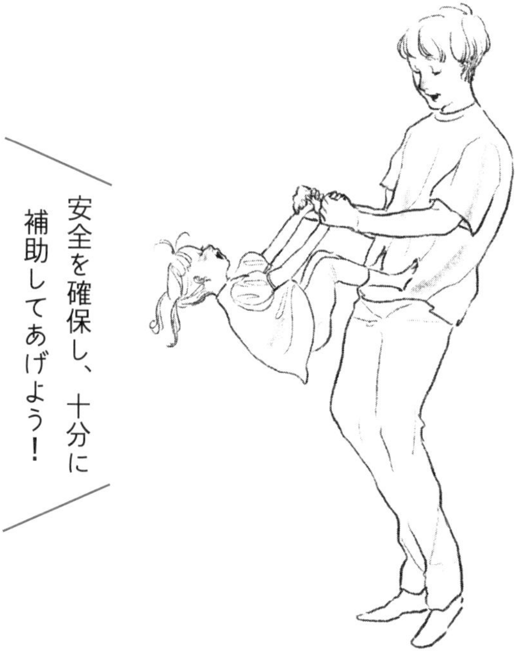

一見難しそうですが、鉄棒で逆上がりができるようになる前から、２、３歳くらいからできるようになります。これは、子どもにとっては経験したことのないような純粋に楽しい身体運動ですし、「自分がやってみることで何だかすごい動きができた！」という自信にもつながります。

ほかには、乳幼児には**ギッコンバッコン**もよいです。

6歳以上の大きい子には**親子跳び箱**もよくしています。娘たちには「お姫様抱っこ」をして抱き上げながら、ディズニー映画『アラジン』の主題歌「A Whole New World」を歌って、ユラユラと動かしたり、回ったりとプリンセスごっこもしています。

どの体操も親子で触れ合ってカラダを動かすことがポイントです。

NHKのBS放送で「おとうさんといっしょ」という番組があります。長年の人気番組「おかあさんといっしょ」の父親バージョンですね。その「おとうさんといっしょ」で知った「父山のぼり」という親子体操も、我が家では人気アトラクションになっています。

お父さんがうつ伏せになって寝転がり、その上を子どもがバランスをとりながら歩きます。

腿から腰、肩まで歩ききったら、次はお父さんがひざを立ててお馬のかっこうをして、子どもはその上に乗ります。

子どもはお父さん馬に乗りながら、お父さんの肩をトントンたたきます。次に、そのまま子どもをおんぶして「ズンズンズンズン」と言いながら、段々と「父山」を高くしていきます。

最後に、「1、2、3、せーの、と～さんやまのぼり～イェイ！」といって親子でピースをして完成です。言葉では分かりづらいので、ぜひNHK-BSで「おとうさんといっしょ」を見てみてください。
　我が家では５人の子どもたちに代々受け継がれている、伝統の遊びになっています。
　さらにいい点は、うつぶせになっているお父さんの上を子どもが歩いているときと、お馬の状態のときに肩をトントンとしてくれるときが、若干のマッサージになるところです。
　子どもたちも遊び気分でやってくれますし、大人にはちょっとだけでもマッサージになるのでうれしいです。親子でうれしい親子体操が「父山のぼり」で、よく考えられているなあ、さすがNHKと感心しながら取り入れさせてもらいました。
　翻って、私の子どもの頃を思い出すと、父親にも母親にも、うつ伏せになった親の上を歩くマッサージをよくやっていました。
　身体的にはバランス感覚が鍛えられますし、親が喜んでくれるのでうれしい気持ちになります。
　父親と相撲をやっていたことも、鮮明に記憶に残っています。
　お父さんのカラダは大きいなあと体当たりしながら感じていました。今では、私が父として息子や娘たちとよく相撲をやります。
　負けてあげるときもありますが、あまり手を抜き過ぎないようにしています。」

「体当たりコミュニケーション」を大事にする

親子がカラダを触れ合わせることは、大事なコミュニケーション方法の一つです。

親子がカラダを一緒に動かすことで、心のキャッチボールを行い、互いにつながっていることを実感することで、愛されているという安心感を得られます。私はこれを**「体当たりコミュニケーション」**と呼んでいます。

専門用語では**「愛着形成（アタッチメント）」**といいます。愛着形成がしっかりできていると、親などの養育者を安全基地として、自発的に探索行動を行うことができます。

つまり、好奇心を働かせて行動に移せるようになるのです。これは、どんなに新しいことをして失敗したり、ケガをしたり、迷ったりしても、いつでも帰ってこられる場所があり、自分を守ってくれる人がいると安心しているからです。

心の安全基地＝港があり、いつでも停泊したり、燃料を入れたり、メンテナンスができることが分かっているから、どんなに未知の冒険でも挑戦することができるのです。

親子体操は、カラダを動かして新しい体感を得ることで好奇心を刺激するという身体運動からの観点と、親子で「体当たりコミュニケーション」を実践することで、子どもに安心感を与え、愛着形成を行うというもう一つの観点からも、好奇心を大きく後押しする実践方法なのです。

Point

親子で一緒にカラダを動かして、
体当たりコミュニケーションを図ろう

04
身体能力の伸びを実感し確認することが「自己効力感」を育てる

スタンフォード大学教授のアルバート・バンデューラ博士によって提唱された**「自己効力感」**という概念があります。自分がある状況において必要な行動をうまく遂行できると、自分の可能性を認知していることをいいます。

私が先に記した「為せば成る感覚」に近い概念です。

自己効力感が高いと、目標達成に向けてチャレンジすることができ、逆境を乗り越え、自分の感情をコントロールすることができやすくなります。逆に自己効力感が低いと、どうせ自分は無理だからとすぐにあきらめてしまい、何事にもモチベーションが上がらず、成果も出せない状態に陥りやすくなります。

自己効力感を高めるには、小さな成功体験を積み重ねることが大事です。さらに、その達成を周囲がしっかりと言葉で承認し、褒めることも重要です。

幼少期には、身体能力が伸び、「できなかったことができるようになる」ことがたくさんでてきます。周りと比べると、発達に早い遅いはありますが、どんな子でも昨日よりも今日、今日よりも明日、着実に成長します。読み書きができるようになるなど知的能力もさることながら、「寝返りができるようになった」「ハイハイできるようになった」「立てるようになった」「歩けるようになった」「走れるようになった」「ジャンプできるようになった」「ケンケンできるようになった」「縄跳びができるようになった」などなど、無数の達成を経験することになります。

この成功体験を大人がしっかりと共感し、承認し、感動し、褒めてあげることで、子どもの自己効力感は着実に高まります。本人も自分のカラダが「できた！」ということを体感しているので、「為せば成る」を納得できるのです。

この自己効力感は、好奇心とも密接な関係にあると考えています。

幼少期には誰もが持っていた好奇心が、周囲の大人によって「あれはダメ」「これはダメ」といっては制限をかけられ摘み取られてしまうことで、段々と芽生えなくなってしまいます。

子どもが泥んこになって好奇心全開で遊ぶのを、服が汚れるからという理由だけで制限してしまっていないでしょうか？

あるいは、ちょっと難しそうな遊具に子どもが好奇心をもって挑戦しようとしたら、危ないからといって止めていないでしょうか？

もちろん、衛生や安全に注意することは大切ですが、大人がしっかりと見守り、必要なサポートをすれば、子どもはできるようになります。思いっきり泥んこになって遊ぶことで、子どもならではの達成感、満足感を得られるのです。

魔法の褒め言葉「さ・し・す・せ・そ」

私は、我が子が多少難しい遊具に挑戦しようとするとき、ケガはしないように十分注意してサポートしながらも、基本的には子どもの挑戦を後押しするようにしています。すると、最初は体を支えられながらしかできないことも、やがて自分だけでできるようになっていきます。こんなに小さいのにできるんだと親ながらびっくりすることも多いです。そんなときに「すっごい！」「できたじゃん！」と思いっきり褒めちぎると、子どもも達成感一杯のご満悦な表情を浮かべます。

自分がそうやって子どもを育てるのも、私自身がそのように育てられ、成長してきたからでもあります。

ちなみに、私は子どもを褒めるときに、自然に褒め言葉が出てくるよう「さ・し・す・せ・そ」を意識しています。

さー「さすが○○ちゃん！」「最高じゃん！」
しー「じょうずだね！」
すー「すごい！」「すてきだね！」
せー「世界一！」「正解！」「成功！」
そー「そうなんだ！」

褒めるときには
「さ・し・す・せ・そ」を
意識しよう！

もともとはあまり褒め上手ではない分、子どもに対してはたくさん褒めてあげられるよう、「さ・し・す・せ・そ」を意識していると考えなくても反射的に褒め言葉がでてきます。子どもには意外にこれが効いて、ご満悦な顔をします。

好奇心の発露から挑戦する行動によって、「できた！」という達成感を積み重ねることが自己効力感を高めます。そして、自己効力感が高まると、また次に何か新しいことにチャレンジしたい、もっとできるようになりたいと好奇心がさらに芽生えるのです。好奇心と自己効力感の好循環を生み出すことが、子どもの自立的な成長を促すのです。

Point

子どもを上手に褒めて、
自己効力感を高めてあげよう

05

小さなケガと失敗をたくさんすることで「レジリエンス」を高める

この本では子どもの好奇心を伸ばす方法を紹介していますが、実は逆の発想として、いかに好奇心の芽を摘まないかを考えることも重要です。

好奇心の芽はどうやって摘まれていくのか。多くの場合、大人が子どもの先回りをして、リスクをなるべく避けようとするあまり、リスクをマネジメントするのではなく、子どもの行動そのものを制止してしまいがちです。「あれはダメ」「これはダメ」「危ないから」「まだ早い」「きっと難しい」「ケガしたらどうする」「失敗したら自信をなくすかも」。そんな大人の防衛本能とリスク回避の思考が、子どもの好奇心の芽を摘んでしまうことがあります。

欧米では最近、レジリエンスという言葉がよく使われます。回復力、抵抗力、再起力、しなやかな強靭性といった意味ですが、「折れない心」とも訳されます。

ストレスや困難、逆境に対する心理的な抵抗力、回復力のことを指し、レジリエンスを高めることは教育やビジネスの世界でも注目されています。

好奇心旺盛な人は、新しいことに挑戦したり、多少リスクのある行動をとったりすることも多いです。

子どもであれば、大人がちょっとひやひやするようなこともあるでしょう。すると、結果的に失敗をしたり、最初はできなかったり、ケガをしたりすることも少なくありません。

そんな好奇心をベースに行動した結果の失敗やケガをどのように捉えるかがとても重要になってきます。「失敗したから、もう挑戦するのは止めよう」「ケガをしたからやっぱりダメだったんだ」。そんな思考をしていては、好奇心の芽は摘まれ、レジリエンスは育たないでしょう。

小さなケガを恐れすぎない

「失敗は成功の種」とよくいいますが、「なぜ失敗したのか」「失敗の要因はなんだったのか」「次こそは成功するために何を克服すればよいのか」。そういったポジティブな思考で、成功の種である失敗要因について好奇心を働かせ続けることで、いずれ成功につながります。そして、そんな思考回路の積み重ねをすることで、好奇心は伸び続け、どんな困難や逆境にも耐えうるレジリエンスが高められるのです。

ケガは男の勲章などといいます。私も幼少期はしょっちゅうケガをしていましたし、頭から大量の流血をし、縫ったこともあります。

野球部では、スライディングやダイビングキャッチをよくしていたので、すり傷が絶えませんでした。私の子どもたちは、息子も娘もよくすり傷をつくって帰ってきます。もちろん、安全第一であることは当然ですが、小さなケガはすぐに治ります。多少のケガをしても治ることをカラダが覚えていくことで、自分がどのくらいリスクテイクしてよいのかの感覚をつかむことができます。失敗の許容範囲を理解し、あえて最初に小さな失敗をしてみることで、生きた教訓として成功の種を得るのです。

子どもの好奇心の芽を摘まない。そのために、小さなケガはレジリエンスを高めるプロセスであり、次なる成功の種であるという意識をもって、子どもたちの挑戦を見守ってみましょう。

Point

失敗を気にしすぎるあまり、好奇心の芽を摘んでしまわないように気をつけよう

06
習い事は義務感で押し付けるのではなく親子で楽しむことが重要

スポーツや運動は習い事というイメージを持っている方も多いかもしれません。

実は私も子どもの頃、塾には通ったことはありませんが、水泳教室には1年弱通ったことがあります。小学5年生からは地元の野球クラブに入り、それから野球部を続けました。

スポーツでも芸術でも、習い事そのものは、そのスキルを磨くだけでなく、物事に継続して挑戦し、小さな達成を積み重ねるという点で子どもの成長にプラスになることが多いです。しかし、ここで気をつけたいのは、大人が子どものためと思うあまりに、子どもの好奇心を置き去りにして、無理やりたくさんの習い事を押し付けてしまうことです。

月曜日から日曜日まで毎日、いくつもの習い事や塾で時間が埋まってしまっていては、子どもにとっては息苦しい日々になってしまうかもしれません。好奇心からやってみるのではなく、やらなければならない義務としてイヤイヤながら「仕事」をこなす状態では、自ら学ぶ力が逆にそがれてしまいます。

私は子どもが習い事をするときは、親子で一緒にやって、一緒に成長を感じることをおすすめします。実は、長男が３、４歳の頃、体操教室に行かせてみたら、大泣きして、私にしがみついて離れず、体操を習わせることを断念した経験があります。同様の理由で英語教室もできませんでした。

とりわけ、長男は幼稚園に馴染むのにも２年かかるくらい、マイペースで人見知りなところがあり、習い事には苦労しました。小学１年生のとき、学校で水泳の時間がありましたが、これまでプール遊びはしてきましたが水泳を習ったことがなく、強い苦手意識を持っていました。授業で水泳があるときは、やりたくないと神経質になり、過度なストレスを感じている様子でした。

これはまずいなと思い、私がちょうど第４子が生まれたタイミングで２ヶ月間の育児休業をとっており、長男も夏休みに入ったので、親子で毎日プールに行って泳ぐ練習をしました。

親子水泳特訓です。専門的な指導ができるわけではありませんが、顔を水につけてバタ足で進むという基本を、毎日親子で実践しました。

かなり怖がっていましたが、ちょっとずつできるようになり、そのたびに思いっきり褒めて励ますという繰り返しでした。特訓の成果があってか、最低限の基本の泳ぎができるようになり、学校の水泳の時間も嫌がる様子はなくなりました。

その後、地元の市民プールで行われる水泳教室にも数ヶ月間通うようになり、苦手意識を克服できました。長女はお兄ちゃんがやっているからと、一緒に通い、すんなりとできるようになりました。

習い事は親子で一緒に楽しみ、
一緒に成長を感じよう！

息子や娘たちが水泳を習っているときも、その横では私も大人のエリアで泳いでいました。子どもを連れてきていたお母さんたちはたいてい、待機スペースでスマホをいじっていましたが、私は子どもたちよりも一生懸命泳いで、自分自身がいかに上手に泳げるようになるかを探求していました。親が子どもと一緒に興味を持って取り組み、同じ視線から子どもを認めてあげることで、子どもは芽生えた好奇心が刺激されます。

習い事はスキルを伸ばすことも大切ですが、子どもの一つひとつの挑戦やそれによる小さな成長と達成を親が見届け、一緒になって喜びを分かち合うこともきわめて重要です。

やらされ感ではなく、子ども自身の「できるようになりたい」と思う克己心や好奇心を大切にし、「できた！」という小さな成功体験を思いっきり褒めて、認めてあげてください。その感動を分かち合うのに、親自身も一緒にチャレンジしてみるのもよいでしょう。

Point

小さな成功体験を思いっきり褒めて、
認めてあげよう

今すぐできる親子ホームワーク

親子体操チャレンジで、一緒に逆上がりの目標を達成しよう！

親子体操チャレンジ	できた! ○	達成日
つかまり逆上がり **「グルリンパ」** 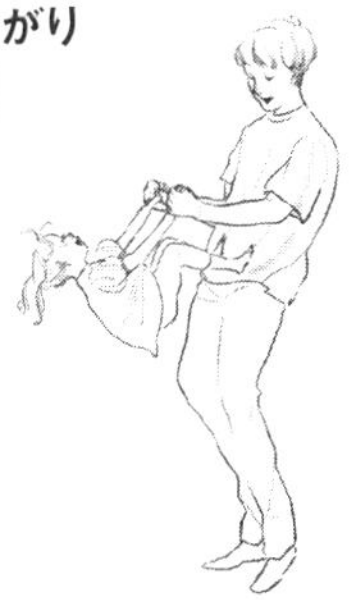		____年 ____月____日
補助逆上がり **（親が子どもを補助して鉄棒で逆上がり）**		____年 ____月____日
逆上がり		____年 ____月____日

第4章

「算数」
「カズ」が好きな論理的思考力のある子に育てる

01
数学嫌いを生み出す日本

２章で、大人の国際成人力調査「PIAAC」によると、日本人の大人は知的好奇心が低いことを紹介しましたが、子どもも同様の傾向にあります。

IEA の行う国際数学・理科教育動向調査 TIMSS2015では、算数（数学）が好きかという興味関心を表す指標で、日本は小学４年生が49カ国・地域中47位、中学２年生が39カ国・地域中37位と、小中学生ともに最下位から３番目でした。学力の平均点は小中学生ともに５位と上位グループであるにもかかわらず、**日本の子どもたちの多くは算数・数学が好きではなく、興味関心が低いのです**。

いわば日本は数学嫌いの子どもたちを生み出してしまっているといえます。同様の傾向は韓国でもいえるのですが、一方でシンガポールは学力も高く、算数も好きな生徒の割合が多いです。

シンガポールは小中学生の算数・数学ともに学力が１位、興味関心では小学生が30位、中学生が14位と中位層に位置し、米国やカナダと同程度に位置しています。

シンガポールでは中学２年生の数学を学ぶのが「とても好き」が24%、「好き」が42%、「好きではない」が33%であるのに対し、日本では「とても好き」が９%、「好き」が32%、「好きではない」が59%にもなります。

では、数学嫌いではなく、数学が好きな子ども、数理的なことに対して興味関心や好奇心を持つ子どもに育てるにはどうしたらよいのでしょう。

シンガポールの例をヒントにすると、日常生活や現実社会の文脈のなかで算数・数学的思考を取り入れることです。シンガポールでは、たとえば中学数学の教科書で、所得税や自動車の道路税などの税金の問題、アパートの賃貸契約やクレジットカードの返済といった将来のお金について、地球温暖化や疾病などの社会問題も扱われています。

また、表計算ソフトExcelをはじめICTツールを学校で頻繁に活用することも特徴です。

実生活や社会に関わることを数学で理解し、数学は現実社会で役立つものだと感じることが、数学への好奇心を高めることにつながるのだと思います。

この章では、**子どもが算数・数学を好きになり、幼少期から数字への好奇心を高めるための具体的な育て方を**紹介します。

02
好きなものの大きさ、長さ、速さ、数を比べて「数値化力」を伸ばす

先のシンガポールの例のように、中高生になれば、社会問題や将来のお金に関することなどを数学で考えるのもよいでしょう。

では、幼児や小学生の間はどうでしょう。あまり難しく考えすぎずに、やはり身近なものを数で考え、理解する癖をつけていくことです。

私は大学までは理系で、５教科のなかで数学が一番好きな科目でした。子どもの頃野球が好きで、新聞でもスポーツ欄を真っ先に読み、野球の成績を、チームの勝率や打率、防御率など細かいところまで読んでいました。初めはそれらの意味をあまり知らずに触れていたのですが、段々と勝率や打率の計算方法を自然に覚え、自分の野球の打率なども計算するようになりました。

また、プロ野球の投手が投げる球速が時速150キロメートルだと、高速道路の車よりも速く、特急列車くらいかなとか、１時間で150キロメートルだったら、１分で2.5キロメートル、１秒で41.67メートルも進むのか、と

いった計算をしていました。

好きなものを数値で理解することで、算数っていろんなところに使われているんだと思うようになったのです。

子どもが何に興味関心をもっているか、そのことを数値で表すものがないか、あればその数値を測ったり、記録したり、比べたり、計算してみることを促してみましょう。

我が家の長男はザリガニが好きなのですが、自由研究で「ザリガニ No.1決定戦」という研究をまとめていました。近所の池で捕まえてきた９匹のザリガニのそれぞれの体長と重さを測りつつ、陸上や水泳、持久力などの競技をさせてタイムを競走させ、総合ポイントで順位を決めるというものです。陸上は地面の上での速さ、水泳は水の中での速さ、持久力ははさみでものをつかませて何秒つかんでいられるか計って競う競技です。

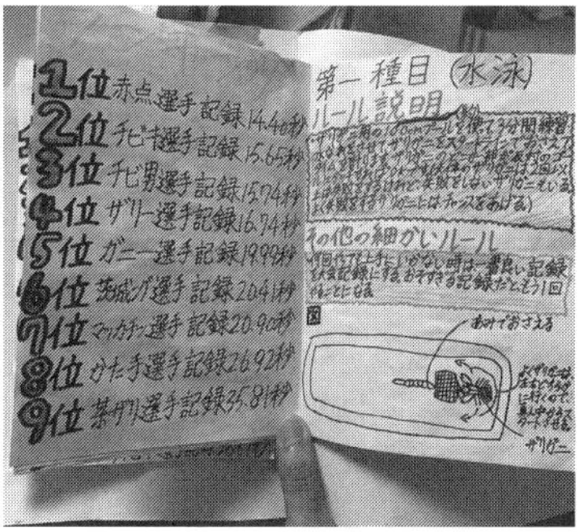

ルールもすべて自分で考えて一つひとつ地道に測定していましたが、ザリガニが好きだからこそ取り組めた自由研究だと思います。ルールを決めて記録を測定し、比較するという、数理的思考を応用した例でもあるかと思います。

タイムを計るという点ではストップウォッチを子どもに持たせてみましょう。自分や兄弟姉妹、友達の走る速さを測定してどのくらい速くなったか計算してみたり、家から公園まで歩いてたどり着くまで何秒（何分）かかるか計ったり、目をつぶって片足で何秒立っていられるか計ったり、百マス計算の時間を計ったりと様々なことを測定してみると、数に関心をもつきっかけになります。

どんなことも測定し、比べてみることで、物事を数で捉えて理解する数値化力を伸ばし、数字への好奇心を高めていきましょう。

Point

子どもの好きなことの中に、
数値で測定できることはないか探してみよう

03

ブロックを好きなだけ組み立てて「デザイン力」を高める

知育玩具の代表的存在がブロックです。

レゴブロックをはじめ、様々な知育ブロックが存在し、子どもの空間認識力や発想力、創造力、集中力を高めるのに適しています。

子どもにとって算数の図形や立体は苦手になりやすいポイントでもありますが、ブロック遊びによって培われる空間認識力が役立つことになります。

私は子どもの頃、テレビゲームは買ってもらえませんでしたが、レゴブロックは家にあったため、よく兄と一緒にレゴで様々なものをつくって遊んでいました。

初めは説明書を見てその通りにつくりますが、一度完成させると次は自由な発想でつくっていきます。

ロボットや城、宇宙基地、ロケット、戦車、恐竜、乗り物など好きなものをつくって、自分の世界観を表現します。

一度つくりはじめると何時間も没頭するので、集中力を養うのにもよかったと感じています。

また、頭の中で発想し、構想したものを、ブロックの組み合わせによって形に具現化させるので、空間認識力と「デザイン力」を高めることにつながります。

優秀な人の多くがブロック遊びをしていた

東大の理系の友人たちの間でも、子どもの頃レゴブロックをやっていた人が多かったですし、留学先のハーバードやマサチューセッツ工科大学（MIT）でもレゴは注目され、研究の対象にもなっています。

グーグルを創業したラリー・ペイジとセルゲイ・ブリンもレゴの大ファンといわれており、グーグルのオフィスにはレゴ広場があったり、レゴを活用した採用試験を導入したことがあるくらいです。ラリー・ペイジは大学時代にレゴでインクジェットプリンタをつくったほどです。

レゴ社は北欧デンマークの片田舎ベルンが発祥の地ですが、デンマーク語で“Leg Godt”＝「よく遊べ」からLEGOという言葉が生まれました。この「よく遊べ」こそが、子どもの好奇心や創造力を伸ばす本質だと感じます。

レゴブロックといえば男の子のイメージが強いですが、女の子が好きそうなプリンセスものやかわいらしいシリーズも多数出ています。

また、現在は、レゴブロック以外にもたくさんの知育ブロックが存在します。レゴは部品が小さく、小さい子どもにはやや難易度が高いため、２～５歳くらいの間は、部品が大きくて取り扱いやすいレゴ社のデュプロや、学研のニューブロックがおすすめです。ニューブロックは大きくて柔らかいため、口に入れたり、投げてケガすることもないので、下に弟や妹がいても安心して遊ばせられます。我が家では、ニューブロックでつくったお家に、お気に入りのぬいぐるみや人形をもってきて、おままごとやごっこ遊びとブロック遊びを合体させて遊んでいます。

ほかには、ブロックではなくカチっとはめるタイプのラキュー（LaQ）も、レゴとは違った感覚で楽しみながらデザイン力を高められます。レゴと同様に部品はシンプルですが、発想力によって様々なかたちを創作できるのと、カチッと部品がはまるので作品が壊れづらいことが特徴です。奈良県のヨシリツという企業が発売したもので、日本発の知育玩具として世界にひろまってほしいおもちゃです。

ブロックにはそれぞれ特徴があるので、どの知育ブロックを使うかではなく、どのような遊び方をするかが大事です。

初めのうちは親も一緒になって楽しもう

好きな子どもは大人が放っておいてもブロックにはまりますが、必ずしも全ての子どもが初めからすごいものを創作できるわけではありません。**はじめのうちは一緒にやって、子どもが説明書を見て分からないところは教えてあげたり、親が創作した作品を見せてあげたり、子どもがつくったものを思いっきり褒めてあげたりと、親も一緒になって楽しむことが大切です。**

乗り物、動物、ロボットなどのテーマを設定して、テーマにそって別々の作品をつくっていくのもよいです。動物のお題を出したら、キリンや馬やゴリラをつくったりし、それらの作品を合わせて動物園をつくり、そこに人が遊びにいく動物園ごっこをしたり、車でまわるサファリパークごっこをしたりと、遊びをひろげていくと発想が柔軟になり没頭して遊べます。

レゴとプログラミングを組み合わせた「レゴマインドストーム」や子ども向けプログラミング「スクラッチ」を開発したMITメディアラボのミッチェル・レズニック教授は、著書『ライフロング・キンダーガーデン　創造的思考力を育む4つの原則』（日経BP）で、創造的な思考を可能にするレゴに注目し、「おもちゃがあなたの子どもに何ができるのかを問うのではなく、あなたの子どもがそのおもちゃで何ができるかを問うのです」と語っています。

子どもの発想や創造性を無限にひろげ、デザイン力を高めることのできるブロック遊びを促してみてください。

Point

ブロックを身近な遊びとして促して、
柔軟な発送で自由に遊ばせよう

04
トランプ、ボードゲームをして「戦略性」を鍛える

算数や数学というと難しいイメージがありますが、ゲームをやるというと楽しそうに感じます。実は、カードゲームやボードゲームは数をたくさん使った遊びで、数字に親しみを覚え、数への好奇心を高めるのにもってこいの楽しいトレーニングです。

私が子どもの頃楽しかった思い出は、兄弟姉妹でトランプをよくやったことです。休みの日に兄弟姉妹がそろうと、年齢や性別をこえてできる遊びとしてトランプをよくやっていました。私が特に好きだったのが、大富豪と神経衰弱です。神経衰弱はめくられた数字を記憶しなければならないため、記憶力や集中力の向上につながり、大富豪は手持ちのカードからどの数字をどの順番でどのように出すかの戦略を考えることで、戦略性が鍛えられました。

このカードを出したら、相手はこういったカードを出すかもしれない、そうしたら次はこのカードを出して、こうすれば勝てるんじゃないか、といったように頭の中

で何度もシミュレーションをしていました。

いわば相手の手持ちのカードを推測しながら、場合分けによって、自分が勝利する確率を計算していたわけです。

こういった推論、場合分け、確率はまさに数学で取り扱う思考法ですが、幼少期から楽しみながら行ってきたわけです。

そんな楽しい思い出と、それによって算数が得意になったという感覚があったため、親になった今では子どもにもよくトランプをやらせています。５歳の娘は特にはまっていて、いつもトランプやろうとせがんでくるので毎日のように親子でやっています。本気を出せば子どもにはそうそう負けませんが、神経衰弱は本気でやっても親を時々負かすくらい、子どもの記憶力が高まっていることを感じます。

カードゲームのほかに、数への親しみをもてるのがボードゲームです。我が家ではよく人生ゲームをやっています。サイコロ／ルーレットでどの目が出るのか、駒を進めるときに足し算、引き算の感覚を養えます。

また、お金を扱うので、桁が異なるお金の数字も自然と計算するようになります。子どもが算数でつまずきやすい繰り上がりや繰り下がりの計算のトレーニングにもなります。複数人でやると自然と会話が弾むので、コミュニケーション力を高めるのにも役立ちます。

人生ゲームのほかには、モノポリーも数とお金を扱うゲームとしてお薦めです。人生ゲームは日本のものですが、モノポリーは世界中で愛されているボードゲームです。不動産投資をして土地や建物を独占して稼ぐというルールで、戦略性や交渉力が求められるので、人生ゲームよりも高度です。小学生からやってみるとよいでしょう。戦略性が鍛えられ、金融教育にもなります。

次に、ボードゲームを２人でやるときの定番は将棋、オセロです。将棋、オセロも私が子どもの頃よくやっていた遊びです。オセロはシンプルなルールなので、４歳くらいの幼児でも楽しめます。はさんでひっくり返せる石の数を数えたり、相手の次の手を推論したり、勝つための戦略を考えるなかで自然と数理的思考が鍛えられます。

将棋は駒の動きがさらに複雑になるので、場合分けのパターンが多くなり、先の手を読む力や全体を俯瞰する力など、より戦略思考が鍛えられます。

将棋と近いボードゲームとしてチェスがありますが、チェスによって数学のスコアが伸びたという複数の研究もあります。

イタリアのトリノ大学のロベルト・トゥリンチェロによる研究（2013）では、８歳から10歳の小学生568人のうち、チェスのトレーニングをしたグループとしなかったグループに分け、OECD が行う国際学力調査 PISA

の数学を解かせたところ、トレーニング後、問題解決のスコアが統計的有意な差をもって増加しました。またトレーニング時間が長いグループほど、その差は大きく出ました。

チェスや将棋はやや難解なので、小学生または5、6歳くらいから、まずは駒の動かし方を覚えるところから始めるとよいでしょう。

我が家ではトランプ好きの5歳の娘がチェスもやっています。将棋は、子ども用にシンプルにした3×4マスの「どうぶつしょうぎ」であれば、4歳くらいからでも可能です。短時間で勝負がつくので、子ども同士でやってもよいでしょう。

家族でカードゲームやボードゲームを楽しんで、子どもの数理的思考や戦略的思考を育んでみてください。

Point

簡単なレベルのボードゲームから
徐々に始めてみよう

05
子どもの頃からの成長を数字で追ってグラフにしよう

身近なものを数値化するという点では、自分ほど身近なものはありません。それに子どもは身体的にも、技能的にもすごいスピードで成長していきます。その自分自身の成長を数字にして可視化し、一緒に追っていくと数字への好奇心を刺激する機会になります。

まずは**身体の成長として、身長は定期的に測って記録しましょう**。我が家では決まって５月５日のこどもの日前後に、童謡「背くらべ」のように、家の柱の前に子どもたちを立たせて身長をメジャーで測り、何センチ何ミリメートルだったかシールを柱に貼っています。

毎年測るので、「去年よりも６センチ背が伸びた」、「３年前はこんなに小さかったんだ」、「お兄ちゃんに追いつくまであと○センチだ」といった会話がうまれます。

足し算、引き算の感覚を自分の体の成長によってイメージ化できます。

ほかにも、様々な身体の部位を測ってみましょう。子どもにメジャーや物差しをあげて、いろいろなものを測ってみてとお題を出してあげるとよいです。

たとえば、足のサイズは靴を購入するのにもよく使うので、子どもの足が何センチかメジャーを使って実際に測ってみます。足であれば、18.0センチか18.5センチかといった５ミリメートルの違いでも靴が変わるので、単位や小数の概念もイメージをつかむ練習になります。

また、手の指を広げて親指の先から中指の先まで何センチかを測ってみるのもよいです。だいたい大人だと20センチくらい、子どもだと十数センチですが、物差しが手元にないときや、何かの長さを測りたいときに、この手の指を使って概算することができるようになるからです。私は子どもの頃、よくこの方法で物の長さを測っていました。

実は、この親指の先から中指の先までの長さは、昔の長さの単位「尺」の由来でもあります。１尺は30.303センチメートルです。昔の楽器「尺八」は、１尺８寸（寸は尺の10分の１）の長さであったことから、その名前がついたとされています。ちなみに、一寸法師は１寸が１尺の10分の１、3.03センチメートルですから、約３センチメートルの身長ということですね。そんな長さの単位や、その由来の話を子どもにしてあげると、数字への好奇心を刺激する機会にもなります。

また、自分自身の身体の成長をグラフにして図表化してみましょう。0歳、1歳、2歳、3歳、4歳、5歳、6歳、7歳…と年齢を横軸にし、身長や足の長さ、体重などを縦軸に折れ線グラフの成長曲線を描いてみます。自分が大きくなっていることを可視化することで、成長の実感を持てますし、ポジティブな気持ちで数字やグラフを理解することができます。

手書きでグラフを書いてみたら、親子で一緒に表計算ソフトExcelを使って、グラフをつくってみるのもよいです。Excelは仕事でもよく使うソフトですが、数学が将来実際に役立つものであることを子どもに実感してもらう機会になります。

Point

子どもの身長や身体の部位を測ってみよう

06 虫眼鏡、顕微鏡、スピログラフ定規などの「ワクワクツール」を持たせよう

これまで時間を計るためのストップウォッチ、長さを測るためのメジャーや物差しを子どもにあげるとよいという話をしました。こうした数値にかかわるツールを子どもに持たせることで、ただ紙の上の数字を追うだけよりも、数への好奇心を高めることができます。いわばワクワクツールを子どもに与えるのです。

ほかには虫眼鏡も小さい子でも簡単に使えるのでよいです。その名のとおり、小さな虫を観察するときに虫眼鏡を使ってのぞくと、小さなアリも顔の特徴が分かったり、トンボの目を拡大して見ると不思議な色形をしていたりと新たな発見があるはずです。ほかにも、花や葉っぱなど植物を拡大して細部の観察を行うのもよいです。虫眼鏡一つ持って外に出かけるだけで、ワクワク感がまったく変わってきます。また、使っている虫眼鏡で大きさが2倍に見える、3倍に見えるなど数もしっかり教えてあげましょう。

さらにレベルアップして顕微鏡もお薦めです。数千円

でも1000倍ほどまで拡大できるものがあり、おもちゃを買ってあげるくらいの感覚で購入可能です。

身近なもので、たとえば調味料を顕微鏡で観察してみると、しょうゆやソースでもまったく異なる結晶の形をしていますし、塩や砂糖も肉眼で見るのとは様子の異なる結晶が見えます。もちろん、植物や昆虫を顕微鏡でのぞくことで、虫眼鏡では見られなかったミクロな世界が観察できます。顕微鏡を使うときも、何倍に拡大しているのかを子どもと確認しながら観察し、10倍、100倍、1000倍といった桁の概念をイメージでもつかむ機会としましょう。

ワクワクする一風変わったツールとして、幾何学模様が描ける定規「スピログラフ定規」もおすすめです。長方形の定規に歯車状の円がくり抜かれており、その穴の内側に小さい歯車をはめて、その歯車に開いている細い穴に鉛筆やボールペンの先を突き刺してグルグルと回します。すると、きれいで不思議な万華鏡のような幾何学模様が描けるツールです。鉛筆を突き刺す穴の位置を変えたり、歯車を変えたりすると、描ける幾何学模様が多種多様に変化します。

私も子どもの頃にはまって、いろいろな幾何学模様を描いてみました。鉛筆を入れる穴の位置が変わるだけで、こんなに模様が変わるんだというのが、本当に不思議に思えました。その記憶が強烈にあったので、親になってからも100円ショップで購入し、子どもたちにもやらせています。子どもにとっては遊びでしかないのですが、実は数学者が発明したもので、曲線を数式で表現することができます。ちょっと高度なお絵描き感覚で遊ぶ玩具ですが、幾何学の不思議な世界の魅力で好奇心を刺激し、数学的センスを磨く体験になります。

他にお薦めなのは知育菓子です。子どもだけでも安全に作って食べられるお菓子で、私が子どもの頃は「ねるねるねるね」が有名でしたが、最近はケーキやたこ焼き、ハンバーガーなどかなりバラエティ豊かな種類が出ています。子どもにとっては粘土遊びのような感覚でおいしいお菓子を作れるので、まさにワクワクする魔法のようなツールです。道具や材料が入っていて、混ぜたり、こねたり、レンジでチンしたりするので、まるで化学実験のトレーニングのようでもあります。水や材料の分量を確認したり、レンジの何ワット、何秒などを設定したりと数字に自然に親しむことにもなります。

特に女の子ははまること間違いなしですので、試してみてください。

Point

好奇心をくすぐるアイテムを活用してみよう

07
算数にまつわる学習マンガを読んで苦手意識を取り払う

数に親しみを覚えて、数理的思考に好奇心を持ったとしても、算数が得意になるのだろうかと疑問に思われる方もいらっしゃるかもしれません。算数・数学という教科が苦手になってしまうと、算数嫌いになり、数理的思考を敬遠してしまいがちになることも確かです。

そこで、算数そのものを楽しく学べるものとして、学習マンガをお薦めします。学習マンガというと、日本の歴史がすぐに思い浮かぶと思いますが、今はかなりたくさんのジャンルがそろっています。そのなかで**『めざせ！あしたの算数王』シリーズ**（岩崎書店）は、2016年から発売開始されている算数の学習マンガシリーズです。

全国算数王キャンプに参加することになった選抜小学生たちの挑戦物語を楽しみながら、自然と算数への興味や親しみが湧いてきます。確率、比と比率、演算の活用、図形、単位、表とグラフ、立体図形などが各巻ごとにテーマになっています。

算数が苦手でちょっとやんちゃな面白い男の子が主人公で、肩肘はらずに楽しみながら読み進められます。

小学生がつまずきやすい算数のテーマを、楽しいマンガのストーリーで取り入れているので、算数嫌いな子ではなく、算数好きな子になる魅力的なツールといえるでしょう。

算数の学習マンガといえば、もう一つお薦めなのがドラえもんの学習シリーズ、**『ドラえもんの算数おもしろ攻略』**（小学館）です。1991年から発刊され、先にあげた算数王よりも歴史の長い定番です。

よく間違えやすい点や分かりづらいところを、のび太が間違えて、ドラえもんが突っ込んでくれるという展開で、算数に苦手意識のある子も気楽な気持ちで読むことができます。小学生低学年から高学年向けのものまでラインナップがそろっています。足し算・引き算、かけ算・わり算、分数・小数、図形、面積・体積、文章題、算数パズルなどです。

ドラえもんの学習シリーズは、算数だけでなく、理科、社会、国語、体育、図工、英語など幅広いテーマが扱われているので、それぞれの関心や目的に合わせてそろえるのもよいです。我が家では、『じょうずに話せ、発表できる』というプレゼンテーションやスピーチの巻、『水泳がみるみる上達する』といった巻も、それぞれがスピーチや水泳に一生懸命取り組もうとしているときにプレゼントしました。その子が好きなテーマの巻と算数のシリーズの巻を並べて置いておき、子どもが自然と手にとって読みたくなるようにするのもよいです。

算数とマンガは一見結びつきづらいかもしれませんが、実は算数好きになるために役立つツールです。

読書が好きな子でも、算数に苦手意識をもってしまう子も少なくありません。学習マンガを楽しく読んで、自然と算数・数学が好きになるように導いてあげましょう。

Point

算数を学べる学習マンガを活用して
苦手意識をなくしてあげよう

今すぐできる親子ホームワーク

子どもの身長・体重の成長グラフを図表にしてみよう！

年齢	0歳	1歳	2歳	3歳	4歳	5歳	6歳	7歳	8歳
年月日									
身長（cm）									
体重（kg）									
足の長さ（cm）									

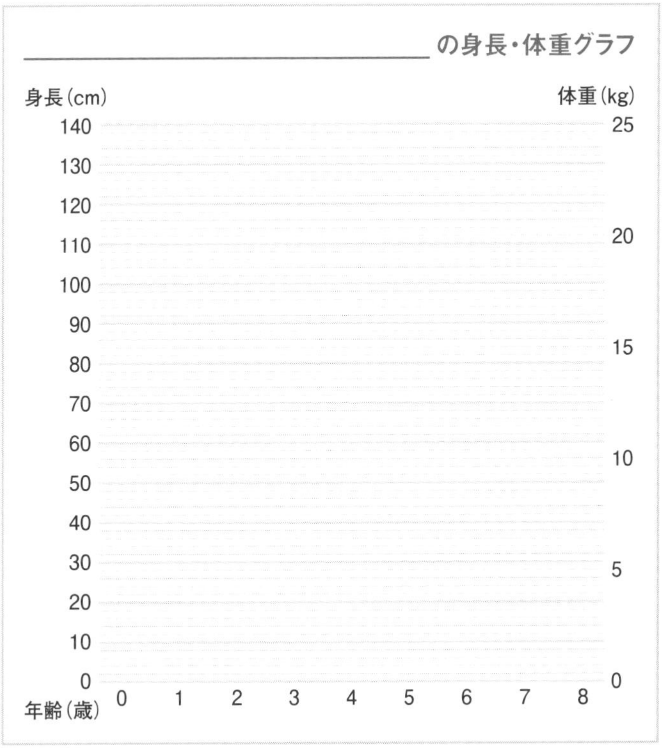

第5章

「社会」
「ヒト」との関わりが好きなコミュニケーション力のある子に育てる

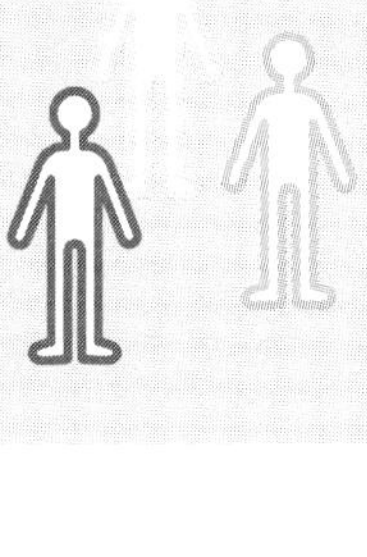

01
将来の成功を左右する「非認知能力」

最後の章は社会です。

人は社会的な生き物であり、社会のなかで生きていきます。人との関係を結び、社会のなかで仕事をしたり、家族を築いたり、コミュニティの一員になったり、人生そのものを過ごします。幸せになれるかどうか、満足した生き方ができるか、夢を叶え成功できるかどうかは、社会のなかで生きる力、ソーシャルスキルが育まれるかにかかってきます。

学校の教科として教えられる暗記科目としての社会科ではなく、子どもが社会のなかで生き抜くために必要な力を伸ばすにはどうすればよいかをこの章では考えます。

最近、**「非認知能力」**という言葉を日本でもよく耳にすることが多くなったと思います。この非認知能力とソーシャルスキルは非常に密接な関係にあります。

非認知能力とは、IQや学力テストなどで測定できる認知能力とは異なる能力のことで、やり抜く力や自制心、社会性、協調性、創造性や好奇心などを指します。

本著の一貫したテーマである「好奇心」や、1章国語でお薦めした絵本づくり、4章算数で触れたブロックなど随所で触れてきた「創造性」も非認知能力にあたります。「社会性」や「協調性」も非認知能力の重要な要素で、特に本章ではそれらを育むためのポイントを紹介します。

非認知能力の重要性は、ノーベル経済学賞受賞者のジェームズ・J・ヘックマン教授の研究などによって、近年注目を浴びるようになってきました。ヘックマン教授は、米ミシガン州での「ペリー幼稚園プログラム」の効果を長期にわたって追跡研究しました。

低所得層の3〜4歳の子どものうち、ランダムで選ばれた子どもに質の高い就学前教育を提供し、運悪く入園が許可されなかった子どもと比較したところ、プログラムを受けた子どもの非認知能力の伸びがその後の学歴や将来の年収、就業形態にも大きな影響を与えたという研究結果が明らかになりました。

ペリー幼稚園では、読み書きや歌のレッスンのほか、週一回の家庭訪問で子どもとの遊びや話しかけのアドバイスなどを親にも行っていました。ヘックマン教授の研究結果で注目すべきは、就学前教育によって子どものIQも一時的に伸びたのですが、その効果は8歳前後でなくなったものの、非認知能力の差は長期にわたって持続したという点です。

つまり、**幼児期の子どもへの働きかけによって育まれた自制心や社会性は、その後も持続したソーシャルスキルとなり、大人になった後にも年収や学歴などに影響を与えたのです。**

こういった研究成果が明らかになるにつれ、これまでの教育界は、教科の成績をあげようと認知能力ばかりに目がいっていたわけですが、これまで盲点だった非認知能力の重要性が世界的に非常に注目されてきているのです。

日本でもヘックマン教授の『幼児教育の経済学』（東洋経済新報社）や、ベストセラーとなった『学力の経済学』（中室牧子、ディスカバー・トゥエンティワン）で紹介されたことを機に注目され始めています。

また、非認知能力に関する最新研究をアメリカの著名ジャーナリストであるポール・タフがまとめた『成功する子 失敗する子』（英治出版）では、人生の満足度や達成度と特に深く関わる強みが、「やり抜く力」「自制心」「意欲」「社会的知性」「感謝の気持ち」「オプティミズム」「好奇心」の７つの項目であることを紹介しています。好奇心は本著の一貫するテーマですが、社会的知性や感謝の気持ち、オプティミズムは本章に深く関わります。

ではこれらの力を育むには具体的にどうすればよいのか、本章で紐解いていきたいと思います。

02
社会という大海原に旅立てるのは親の「安全基地」という港があるから

先に紹介したペリー幼稚園プログラムが、子どもの非認知能力を高めることに成功した要因の一つは、子どもだけではなく、週一回という高頻度で定期的に家庭訪問し、親に子どもへの声かけの仕方や遊び方などのアドバイスをするなど親にもアプローチしたことだといえます。

親子のコミュニケーションや親子関係は、実は、非認知能力を育むうえでとても大切な営みです。

私は母が早くに他界したと書きましたが、１章で紹介したように、生前の母との一番の思い出は、母が絵本を読み聞かせをしてくれたことです。

私は５人兄妹の４番目として生まれたため、母親を独占することはほぼできず、いつも兄妹で奪い合っていました。

夜寝る前、母が絵本を読んでくれていたのですが、甘え上手な一つ上の兄と末っ子の妹が母の両隣をとってしまい、恥ずかしがり屋の私は母の頭の上に寝そべって、聞いていました。

それでも、母の特別な位置にいたようで、とてもうれしかった記憶があります。

もう一つ母との思い出は、母がよく私のことをほめてくれたことです。

私は恥ずかしがり屋で口数が少ない性格なため、自分から話をすることはあまりないのですが、母がよく「かっくんはとってもがんばり屋さんだね」、「集中力があるね」とほめてくれたり、ちょっとしたお買い物に一緒にいってお手伝いをすると「ありがとう。とっても助かったよ」と言ってくれていました。

お使いで買うものを間違えたり、お釣りをなくしてしまったときも、怒らずにありがとうと言って認めてくれていました。

家にゲームも自転車もなく、うちが貧乏だということは薄々感じていましたが、それでも自分に自信をもっていたのは母が自分の存在をまるごと受けとめ、よくほめてくれていたからだと思います。

親が子どもの存在をまるごと受け止め、何があっても絶対的に愛し、存在そのものを肯定してあげることが、子どもにとってのあらゆる土台になります。**勉強ができるから、スポーツができるから、いい子だからといった条件付の愛ではなく、無条件に絶対的に愛し、子どもの存在そのものを肯定するのです。**

何も特別で高尚なことではなく、親だったら我が子がどんな子でも愛おしく、大切ですよね。それを表現して子どもに伝わるようにすることです。

イギリスの精神科医ジョン・ボウルビィとトロント大学のメアリー・エインズワースが提唱した「愛着理論」では、こういった親の子どもに対する無条件の愛による存在の肯定が、子どもにとって「安全基地」の役割を果たすとされます。

広い大海原に航海に出ることができるのは、いつでも帰って燃料を補給したり、船のメンテナンスができる港があるからです。もし船が帰るべき港がなければ、大海原で路頭に迷い、やがて燃料が底を突き、海の藻屑となってしまいます。

親からの肯定で子どもの「自己肯定感」が高まる

子どもにとっても、いつでも帰ってこれる港が必要であり、帰るべき港があるからこそ、未知の大海原にも挑戦して航海に旅立つことできるのです。「安全基地」がしっかりと確保された子どもは、後顧の憂いなく、果敢に他者と交わり社会性を高め、また体を動かして探検したり、好奇心をもって知的冒険にもいそしむことができるといわれています。これは、非認知能力でいえば、「自己肯定感」と「オプティミズム」（楽観主義）を高めることになります。

自己の存在そのものが肯定されていると感じるからこそ、自分に自信を持つことができ、何事もがんばればできると前向きになったり、失敗をおそれずに挑戦したり、たとえ失敗したとしても立ち直ることができるのです。

ぜひ、子どもにとっての「港」であり、「安全基地」となれるよう、子どもが何ができてもできなくても、どんなことがあっても存在を認め、抱きしめ、「生まれてきてくれてありがとう」、「何があっても○○くん、○○ちゃんが大好きだよ」いう気持ちで子どもに接してください。

Point

子どもに対して存在そのものを肯定し、
愛おしい気持ちを伝えてあげよう

03 個性を見つけ、強みを伸ばしてあげるには

社会性を身につけるためには、「個」を確立することがベースとなります。

個性が大切だとよく言われますが、自分自身がどんな人間で、どんなことが好きで、得意なのかといったことを子どもの頃からなんとなくでも自己認識できるようサポートしてあげられると、よい方向に導くことができます。

私には５人の子どもがいますが、親として５人の子育てをしてみて、「みんなちがって、みんないい」という言葉を心から実感しています。

そして、私自身もまた５人兄妹で育ちました。兄妹が５人もいると、それぞれの間で関係性がうまれ、一つの社会ができあがります。

たとえば、第四子・三男である私と第一子・長男が二人でいると、私は歳が離れた弟として関係を持ちます。社会を先に経験している同性の年長者として影響を受けたこともあります。

たとえば、中日ドラゴンズのファンになったのも、ブルーハーツが好きになったのも長兄の影響を受けています。人生の先輩から新しいものを吸収する力を養ったように思います。

第二子・長女と二人でいると、異性の弟として距離感を保ちながらも、異分野ながらもお互いを尊重しあったり、姉が私を助けてくれるような関係です。ハーバードに留学できたのも、先にアメリカに在住していた姉のサポートがあったことも大きいです。

第三子・次男と二人でいると、一歳差の同性の年子のためライバル関係になります。

幼少期はよく殴り合いのけんかをして、命令されたりしていました。私は「なにくそ！」と思いながら、兄に勝つことを考えて、スポーツでも遊びでも、勉強でも背伸びして努力するようになり、勝つための方法を考えるようになりました。

私が戦略的思考を伸ばしたのは、この兄とのライバル関係も要因だったと思います。

第五子・次女と二人でいると、私が兄の立場になります。妹のために何かをしてあげたり、気にかけたりもしますが、逆に幼いなとか、わがままだなとか思ったりすることもあります。年長者、人生の先輩としての経験を積んでいくことになります。

これに父と母が加わり、いわば、家族の間で繰り広げられる関係性は、社会の縮図のようになっているわけです。

兄妹や家族との関係性から個性を見出す

私自身が、自分の個性というものを意識し始めたことを思い返すと、こういった兄弟姉妹や家族との関係性のなかからでした。

自分は兄と比べると短距離よりも長距離走のほうが得意なんじゃないかとか、話すのはあまり得意じゃないけど、文章を書くことは嫌いではないとか、長兄はサッカー、次兄はバスケ部に入ったので、自分は野球部に入ろうとか。兄妹のなかで自分の個性をより磨き、際立たせる道を無意識のうちに比較検討し、選んでいったように思います。

私が東大に行こう決意したとき、当時は学校の成績は悪く、模試の合格判定もE判定と客観的には合格できるような状態ではなかったのですが、なぜか自信がありました。それは、**兄妹の関係性のなかで見出してきた自分の強みをフル活用することで道が拓けると感じていたからです。**

ランニングを毎日コツコツと行ったことで長距離走が校内で一番速くなった経験。

野球やスポーツをするときに、勝つための戦略を分析することの楽しさ。

いざ勉強に集中して取り組めば、難しい問題を解けることの感覚。これらの自分の強みの認識が、自信を生み、目標達成に向けた強い意志を働かせる原動力になったのだと感じています。

親からそういった自分の個性や強みを認めてもらえていたことも大きかったです。

個性というのは、自分だけを見つめていても簡単に見えてくるものではありません。**誰かと比較したり、関係性を持つなかで、より自分が好きだったり、得意だったり、周りの役に立つことができたり、貢献できたりすることを自覚するようになり、自分の個性なんじゃないかなと意識するようになります。**

そして、それを個性や強みとして認め、褒め、後押ししてくれる存在が近くにいると、それらを伸ばしていく大きな力になります。親や教育者が果たすことのできる非常に重要な役割だといえるでしょう。

他人や兄弟姉妹と比べて、足りないところや、苦手なこと、弱み、できないことを頻繁に指摘したり、しかってはいけません。

好きなこと、得意なこと、がんばっていること、その子の強みを認め、伸ばしてあげましょう。また、そういった得意なことで家族や周りの人にも貢献できるように導きましょう。

メルボルン大学教授のポジティブ心理学者リー・ウォーターズは、著書『ストレングス・スイッチ』(光文社)で、親が強みを伸ばす子育てをすることによって、子どもは、学校生活が楽しくなり授業や活動に積極的に参加できる、成績がよくなる、将来仕事が長続きする、結婚生活が長続きし幸せな毎日を送れる、健康的になり身体にいい習慣が身につく、人生に対する充実感や自尊心が高まる、ストレスが抑制されるなどの効果があると指摘します。

関係性のなかから見えてくるその子の個性を大事にし、好きなものや得意なことからその子の強みを一緒になって見つけ出し、伸ばしてあげてください。

Point

兄弟姉妹や家族との関係性の中から、
子どもの個性、強みを一緒に見つけ出してみよう

04
子どもが友人を作るための親の心得

他の人に関心をもつきっかけの一つが、自分との共通点を見出すことです。人に自分と同じところがあることを知ると、急に距離が近づいたように思え、親しくなるきっかけができます。

同じスポーツチームのファンだったり、趣味が同じだったり、出身地が同じだったり。初めて会う人と話をするときも、二人の間に共通点はないかを、会話のやり取りのなかで自然と探すのではないでしょうか。

子どもも自分と人が「オンナジ」ところを見つけ出すことで、関心をもつセカイを広げるようになります。

私の場合は野球が友人関係をつくる軸となっていました。小学生低学年の頃から、近所の子たちとおもちゃのカラーボールとカラーバットで野球をして遊び、斜めの関係をつくっていました。５年生になると、友人に誘われて野球クラブに入りました。野球が別のクラスの人とも仲良くなるきっかけを与えてくれました。

私の家庭ではテレビゲームを買ってもらえず、お小遣いもなくお金のかかる遊びはできなかったので、野球が友人との「オンナジ」をつくる共通項になりました。これは中学高校と続き、ハーバードに留学したときも同様でした。

野球という共通項で集まるグループのなかには、様々な人たちがいます。ちょっと不良っぽい子もいれば、まじめな子もいたり、勉強が得意な子もいればそうでない子もいます。私が記憶に鮮明に残っているのは、小学生のときにペルーから引っ越してきたハーフの子で、言語のせいもあってか勉強はさほど得意ではありませんでしたが、身体能力が高く、野球でも活躍していました。外国のことなど気にすることはほぼありませんでしたが、その友人がきっかけでペルーや南米に関心をもった記憶があります。

習い事やスポーツなどは、スキルそのものを高めたり、やり抜く力や達成感を身につけていくのにもよいですが、友人関係をつくる共通項をもつことにもつながります。子どもだったらすぐに誰とでも仲良くなれるわけではなく、なんらかの「オンナジ」があることで、関係性を築きやすくなるものです。

親や教育者の立場からすれば、子どもが友人や他者との「オンナジ」を見出し、関係性を築けるように後押しすることも大切です。

子どもが抱いている興味関心、好奇心や個性の発露に

気づいてあげ、その興味分野を共有できる仲間がいるところに連れて行ってあげるのです。自分と「オンナジ」のある友達ができると、芽生えた好奇心はさらに刺激を受けて成長します。

我が家の生き物好きな長男は、学校でも先生の許可をもらってカメを持っていってお世話したりしますが、生き物好きが校内で知れ渡り、同じ生き物が好きな友達と仲良くなるきっかけができます。『ざんねんないきもの事典』（高橋書店）が小学生の間で流行ったときも、共通の話題が仲間づくりにつながっています。

他者と共通項を見出したり、人の気持ちに共感したりすることによって良好な関係性を築く力を身につけることは、非認知能力の重要な項目の一つ「社会的知性」にあたります。ハーバード大学でも教鞭をとった心理学博士ダニエル・ゴールマンによる世界的ベストセラー『EQ こころの知能指数』（講談社）でもその重要性が強調されています。

子どもが他者との「オンナジ」を大切にし、友人をつくったり、仲間に入れてもらったりできるようになることは、将来、多様な人々が集まる社会のなかで生きていくうえで重要な力となるでしょう。

Point

興味関心があるモノ・コトを共有できる
仲間がいる場に導いてあげよう

05

他の子との「チガイ」と「強み」を見つけてあげる

「オンナジ」とは反対に、それぞれの「チガイ」を見出すことで、その子自身や相手の個性や強みを認め合えるように育てることも大切です。

自分の強みと相手の強みが分かれば、一緒に協力して何かを成し遂げる「コラボレーション力」を高めることにもつながります。

たとえば、同じ野球好きでも、ピッチャーなのかバッターなのか、守備は外野のセンターなのか、内野のセカンドなのか、キャッチャーなのか、打順は長距離を打てる四番バッターなのか、バントや小技が得意な二番バッターなのか、様々なポジションや特性があります。私は体格が小柄だったこともあり、セカンドやサードの内野を守る二番バッターでした。

パワーで勝負するより、頭や技を駆使して野球を楽しむタイプです。ここで送りバントをすることで1点を入れる確率を高めようとか、逆に守備のときに相手がバントをする可能性が高いから守備位置を前にして、バントによる進塁を阻止しようとか、そういった戦術を常に考えていました。そうすることで、より打率の高い仲間が点を入れてくれると信じて、強みを活かし合い、チームとしてコラボするのです。
「オンナジ」野球でもそんな「チガイ」を見出し、自分自身のスタイルと強みを際立たせ、チームに貢献すること、コラボレーションすることを学びました。こういった経験は、野球だけでなく他の分野にも応用し、現在の仕事にもいかしています。
子どもに習い事をさせるにしても、「どんなところが好きなの？」「特に何が得意なの？」「どういったときが一番楽しい？」「どこのポジションをやりたい？」「どの選手／アーティストが好き？」と聞いてみたり、監督になった気持ちで子どもの取り組みやスタイルをよく観察してあげるとよいです。
また、我が子だけでなく、友達の得意なことやチームの特徴なども聞いて、仲間の強みを見出させるように促しましょう。
実は、ハーバードをはじめ米国のトップスクールでも、クラブ活動やスポーツ、芸術活動、ボランティア活動などの経験が入学審査の際の評価に重要視されます。
単にそういった活動をしたという事実や実績だけが評価されるのではなく、そういった活動を通して、自分自身がどんなことを意識して取り組み、何を学んで成長し、そこで得たものを将来においてどのように役立たせたいかを説明できることがポイントになります。「オンナジ」活動でも、自分自身の「チガイ」を活かしてどのように貢献したのかを説明できることが問われるのです。授業のなかでも、クラスのディスカッションやグループワークで、自身の強みをいかした貢献が求められます。

子どもが、社会のなかの自分、組織の中の個、オンナジのなかのチガイを折に触れて意識できるように、子どもをよく観察し、声かけしていきましょう。

子どもに習い事やスポーツ、芸術などをさせるにしても、単に習わせたらそれで終わりではなく、その子自身の個性、特性を見出し、磨き、輝かせるために、ちょっとした「チガイ」を一緒に見つけ出してあげることが大切です。その「チガイ」をしっかりと認め、言語化して褒め、伸ばしてあげ、さらには仲間の強みも認め合えるように促すことで、コラボレーション力を高めていきましょう。

Point

他の子との「チガイ」も認め、
褒めて伸ばす習慣をつけよう

06
ごっこ遊びでコミュニケーション力を高める

我が家は子どもたちは５人兄弟姉妹ですが、そのうちの３人の娘たちはいつも「ごっこ遊び」をしています。それぞれがお母さん役や妹役、お姉さん役になって人形を赤ちゃんとして寝かしつけたり、お店屋さんをしたり、どこかに出かけにいったり、キャラクターになったりと、よくそんなに話が続くなあと感心するくらい、ごっこ遊びに没頭します。

スイスの発達心理学の大家ジャン・ピアジェは、子どもの遊びの発達を以下の３つに分類しています。

１）機能遊び（感覚刺激や身体運動が目的となる遊び）
２）象徴遊び（模倣、見立て、ごっこ、空想などを伴う遊び）
３）ルール遊び（ルールのあるゲームなどの遊び）

このうち、１）機能遊びは３章の保健体育、３）ルール遊びは４章の算数と関係しますが、ごっこ遊びは、このうちの2）象徴遊びにあたり、言葉の発達、認知・社会的発達、情緒的発達を促していく遊びとして捉えられえています。

これまで多くの研究によって、**ごっこ遊びは語彙の増加や言語力、コミュニケーション力の向上につながるとされています。**

また、ソーシャルスキルや他者の心理を認識する力が向上するという研究も行われています。

見立てをして遊ぶこと、認知し応用すること、自己表現を行うこと、想像力を働かせてイメージを広げること、イメージを人と共有すること、言葉を増やしていくこと、相手の言葉やイメージを理解すること、相手とコミュニケーションをとることなど多くの働きによって発達が促されるのです。

親は子どもの「ごっこ遊び」にどう向き合えばいいのか

では、親は子どものごっこ遊びに対して、どうすればよいのでしょう。

正直、大人にとっては、長時間のごっこ遊びに没頭する子どもと同じ調子で付き合うのは簡単ではありません。

私もそうですが、子どもと違って大人は空想の世界にすぐに飽きてしまうのです。私が意識して実践しているのは、**メリハリをつけて子どもよりも大げさに表現することです。**

たとえば、子どもが「できたよ～食べて～」とままごとの料理を持ってきてくれたら、「何をつくったの？」「ハンバーグ？」などど聞いて、バイキンマンのように「アムアムアムアム」と大げさに食べるふりをして、目を大きくして「超おいしい！」と反応します。そうすると、子どもは満足した表情をみせます。

子どもがお医者さんごっこをしていたら、私は患者さんの役になることが多いですが、聴診器をもっていたら、横になって胸の音を聞いてもらったり、「熱があって頭が痛いんです」といかにも苦しそうな顔をして、体温計（っぽいもの）で熱をはかったりします。そうすると、子どもがお薬をくれたり、注射をしたり、布団をかけてくれたりしますが、しばらくして「治った！」と言って元気満々な姿をみせます。

そうすると、やはり子どもは満足気な表情をし、今度は姉妹同士で始めたり、お人形に対してお医者さんごっこを始めたりします。

我が家には人形が10体以上あり、人形まで大家族なのです。もちろん、人形では満足せずに、何度もやらされることはありますが、患者役として休んでいるふりをしたり、適度に手を抜く時間もつくります。

親が常にごっご遊びの世界に子どもと同じように没頭

することはできなくても、ポイントとなる所で大げさに演技をしたり、大人なりの表現や世界観を加えて発展させたりすることで、子どもに刺激を与えてあげます。

そうして、子どもが自分たちでごっこ遊びを続けていけば、あとはあまり大人が邪魔をせずに子どもが没頭できるようにします。

大人が刺激を与えた遊び方は、兄弟姉妹同士、あるいは園では子どもたち同士で遊ぶときにも自然と応用されます。

子どもの想像をかきたてるようなちょっとした小道具や人形、ぬいぐるみなどの環境を用意し、メリハリのある刺激を与えることで、ごっこ遊びに没頭できるよう促してみてください。

子どものコミュニケーション力や社会性を育む楽しいトレーニングになるでしょう。

Point

メリハリのある刺激を与えてあげて、
ごっこ遊びに没頭する手助けをしてあげよう

07
シンプルだけど超重要な「ありがとう」の声かけ

社会のなかで生きていくうえで、人に感謝し、その気持ちを表現することほど大切なものはありません。

職場でも上司や部下、同僚など役職に関係なく、「ありがとうございます」と心から感謝されるとうれしいですし、その人のために力になろうと思えるようになります。

近しい家族や友人の間でも同様です。些細なことにも感謝の気持ちをもって生きていると、自分自身も幸福感を持って過ごすことができ、ポジティブな感情が様々ないい影響をもたらします。

感謝の言葉には「社会的効能」もある

カリフォルニア大学デイビス校の心理学者ロバート・エモンズは、感謝の気持ちを綴る「感謝日記」を行った８歳から80歳までの1000人を対象に調査したところ、睡眠の向上や血圧の低下などの身体的効能、ポジティブな感情や幸福感といった心理的効能、他者への寛容や外向性、孤独感の軽減など社会的効能が認められました。

子どもが感謝の気持ちを持てるようになるには、親自身が日頃から感謝の言葉を表現し、子どもにも「ありがとう」をよく伝えて見本となることが大切です。

ご飯を食べるときも、「いただきます」や「ごちそうさま」をしっかりと言葉にするようにし、作ってくれた人に対して、「ママのつくるご飯はおいしいね」とか「いつもありがとう」と伝えます。「お野菜を育ててくれた農家の人にも感謝しようね」とか、「お魚さんに感謝しようね」と話したりします。

また、子どもがお手伝いをしたいと言ってきたら、できそうなことはなるべくやらせます。我が家では、ご飯をついだり、お味噌汁をついだり、食卓に運んだりといった配膳は子どもたちがお手伝いをすることが多いです。お手伝いをしてくれたら必ず「ありがとう、助かったよ」と笑顔で感謝を伝えます。

子どもにとっては人のために何かをして感謝されることが純粋にうれしいですし、役に立てたことが自信につながります。

もう一つ、私が父親として子どもによくやってもらうのは、マッサージです。3章の保健体育でもマッサージになるような楽しい親子体操を紹介しました。子どもが肩たたきや肩もみをしてくれたらい、「あ～気持ちい

～！」「上手だね～」といって、終わったら「ありがとう！ほんとうに気持ちよかった！」といって子どもに感謝を伝えます。子どもにとって肩もみが大変だったら、うつぶせになって子どもに腰や背中の上を歩いてもらいます。

子どもにとっては親の上を平均台のようにして歩くだけなので、そんなに大変でもありません。

うちの子はかなり楽しんでやります。そうして終わったら、やはり「ありがとう、気持ちよかった！」と伝えます。親のために何かをしてあげられたことが子どもにはうれしいのです。

これは私が子どものときに父と母にしていたことが強烈に記憶に残っているため、受け継いでいる伝統です。

また、１章の国語でもおすすめしましたが、感謝の気持ちを手紙で書いて表現するのもよいです。

親が子どもに手紙を書いてあげると、子どもも字が書けるようになると親に手紙を書いて渡してくれます。小さい子の手紙は「ママ、パパ、いつもありがとう。だいすき。」というのが定番なのですが、もらう親もうれしいですし、子どもも満足気です。

親はうれしい気持ちを思いっきり表現して、子どもがうれしくなるようにしてあげるとよいです。

家族の間で「ありがとう」を言い合い、感謝する気持ちを育み、それを表現する習慣をつけていくことで、良

好な友人関係や将来の仕事での人間関係、あるいは子ども自身の結婚や家族づくりにも影響していきます。

そして、良好な関係性とポジティブ思考でいられることが、何事にも前向きに取り組んでいく土台になるのです。

子どもに幸せな人生を送ってもらえるよう、「ありがとう」を相互に伝染させ合いましょう。

Point

シンプルだけど重要な「ありがとう」の声かけを忘れないようにしよう

08
いい映画を親子で一緒に観て泣くことで、「感動力」を養う

無気力・無関心・無感動という言葉があります。何事にも関心を示さず、空しいという感覚があり、心が動かされないような状況です。

アパシーシンドロームともいわれますが、一般的に若者の姿勢を指すときに使われたりもします。

無気力無関心無感動は、強い好奇心をもっているのとは真逆の状態です。

何事にも興味関心を持てないので、新しいことを学んで成長しようと思えませんし、他者に対しても関係性を築こうという気持ちになれず、社会性が失われてしまいます。

自ら学び続ける人とは正反対の状況です。

しかし、無気力無関心無感動は、決して特別なものでもなく、あるときまでは勉強ができていたのに無気力になってしまったり、真面目で完ぺき主義だった人が不登校やひきこもりになってしまったりということがあります。

人は心が閉ざされてしまうと、外の世界や他者に対して目がいかなくなってしまうのです。

心は人間にとってあらゆることの原動力となるので、心が動かされるという体験を、子どもの頃からたくさん積み、情緒を豊かに育むことは大切なことなのです。

いわば、「感動力」を養うともいえます。

感動して涙を流すという経験は、心が動かされる最たる例です。

情緒豊かな子に育てるというと難しいようにも感じますが、シンプルで簡単な方法として、親子で感動する映画を観に行くことをおすすめします。

親も躊躇なく思いっきり泣いていい

子ども向けの映画であるアンパンマンやドラえもん、ディズニー映画などでも、じっくりと感情移入して観ると感動する映画が少なくありません。

私も映画を観ながら思わず涙が出たことが何度もあります。

そんなとき、子どもにも「感動したね！」と素直に共有し、「お父さん涙がでちゃった」とか「○○ちゃんも泣いた？」とか共感できるように話します。

親が感動している姿を躊躇なく見せて、共有し、またそういった映画のシーンを振り返ってかみしめること

で、子どもも何かに感動することは素晴らしいことだと感じ、心が動かされると涙が出て、胸があたたかくなること、それが力の原動力になることを体感します。

ちなみに、アンパンマンであれば『いのちの星のドーリィ』がおすすめです。アンパンマンのマーチ「なんのために生まれて、何をして生きるのか」がテーマの映画です。ドラえもんでは、『映画ドラえもん 新・のび太と鉄人兵団』が一押しです。鉄人兵団は私が子どもの頃観て泣いた記憶があるのですが、リメイク版の「新」のほうも、親子で観てみたらやはり、家族みんなで一緒に泣いてしまいました。

子ども向けのアニメだけでなく、大人が見る映画も暴力シーンなどがないものは親子で一緒に観てもよいです。

涙が出るような感動シーンだけでなく、思わず大笑いしたり、迫力あるシーンで興奮したりする、ドキドキしたりすることも心が動かされる経験になります。

映画はレンタルやインターネットのサービスで容易に観ることができますし、時には親子で映画館に行って、大画面の特別な空間で、より心動かされるような環境をつくるのもよいです。

心動かされる経験をたくさん積んで、子どもの感動力を養うことで、何事にもやる気と関心を持ち、感動できる人に育ててください。

Point

映画を一緒に観ることで、心が動かされる経験を体感し、子どもの「感動力」を養おう

今すぐできる親子ホームワーク

家族みんなでそれぞれの「強み＝得意なこと」探しをしよう！

かぞく	強み （とくいなこと、好きなこと、いいところ）

おわりに

今の子どもたちが成人し、社会で活躍していくのは2040年から2080年の間です。

日本の人口はこれから下り坂を転げ落ちるように激減し、2040年には１億１千万人、2053年には１億人を割り、2065年には８千800万人まで下がります。

そして、その後も人口減少は止まりません。これはほぼ確実な未来です。

一方で、時代は大きく変化し、今予想もつかなかったことも起きていることでしょう。

学校や大学という制度も今とはかなり異なるものになっているかもしれません。変化のスピードは今以上に速くなり、今の子どもたちが成人した後も社会の大変動を経験することになるでしょう。

そんな大激動で難しい時代に生きていく子どもたちは、いったい何を学び、どんな準備をしたらよいのでしょう。親としてどんな子育てをしたらよいのでしょう。

親の立場からすれば、不透明な未来に対して不安を覚え、どんなにお金をかけてでも子どもたちにあれもこれもとさせておきたくなるかもしれません。

子どもの歩んでいく道を親が先回りして、しっかりと安全な道を整えて、高いところまで自動でたどり着くエスカレーターがないか探し回りたくなるかもしれません。

残念ながら、未来を完璧に予想することはできません。どんなに先回りして準備しても、思い通りにならないこともあるでしょう。

しかし、未来がどうなろうとも、社会がどう変わろうとも、確実にいえることがあります。

それは、**自力で学び続けることができる人は、途中で様々な困難や失敗、紆余曲折があったとしても、必ず成功にたどり着くことができるということです。**

どんなことでも、どんな環境でも学び続ける力を持ち、自らの内側に学びのエンジンを備えた人は、変化に対応しながら、少しずつでも毎日、毎年成長し続け、やがて望んでいることを実現します。

自力で学び続けるエンジンを持つことこそ、本著でお伝えしてきたあくなき「好奇心」を持つことです。

好奇心や学びのエンジンは、遺伝的に備わっているものだけでなく、意識して育てることができるものです。そして、激動で不透明な時代をこれから迎えるからこそ、親や教育者が最も意識して子どもに育むべきものです。

この本では、学びのエンジンである好奇心をより詳細に分解して紐解き、その育み方を具体的に紹介してきました。私自身の幼少期や５人の子育ての実体験も踏まえつつ、最新の教育学や心理学の研究成果、他の様々な事例も踏まえて整理しています。

日々子どもたちと接しながら、私自身も一人の親として子育てに悩みながら、苦労しています。

思い通りにならないことも、うまくいかずに怒ってしまうこともあります。

それでも子どもたちの屈託のない笑顔と純真な姿、そして好奇心のかたまりのように新しいことを吸収して成長していく姿を見ながら、そんな子どもたちにとって明るい未来を用意したいと強く思います。

そのためには、日本の子どもたちを育てる大人が、子どもたちの好奇心を思いっきり伸ばし、自力で学び続ける子に育んでいくことだと確信しています。一人でも多くの大人がそのことに気づいて、子どもたちの可能性を最大限に引き出していただきたいです。

この本がそのお役に立てましたら幸いです。

ぜひここで紹介している内容を、実際の子育てや教育において実践してみてください。

参考文献

『フラット化する世界』（トーマス・フリードマン、日本経済新聞社）

『未来のイノベーターはどう育つのか』（トニー・ワグナー、英治出版）

『How Google Works』（エリック・シュミット、日本経済新聞出版）

『子どもは 40000 回質問する』（イアン・レズリー、光文社）

『パックンの「伝え方・話し方」の教科書　世界に通じる子を育てる』（パトリック・ハーラン、大和書房）

『幼児教育ハンドブック』（お茶の水女子大学子ども発達教育研究センター）

『3000 万語の格差:赤ちゃんの脳をつくる、親と保育者の話しかけ』（ダナ・サスキンド、明石書店）

"A Framework to Assess Where and How Children Connect to Nature" (Matteo Giusti, Ulrika Svane, Christopher M. Raymond, Thomas H. Beery, Frontiers in Psychology, 04 January 2018)

『僕はミドリムシで世界を救うことに決めました。』（出雲充、ダイヤモンド社）

『16 万人の脳画像を見てきた脳科学者が教える「賢い子」に育てる究極のコツ』（瀧靖之、文響社）

『クリエイティブマインドセット：想像力・好奇心・勇気が目覚める驚異の思考法』（トム・ケリー&デイヴィッド・ケリー、日経 BP）

『アインシュタイン、神を語る』（ウィリアム・ヘルマンス、工作舎）

『シュバイツアー』（小牧治、泉谷周三郎、清水書院）

『幼児のための環境教育～スウェーデンからの贈り物「森のムッレ教室」』（岡部翠、新評論）

『ライフロング・キンダーガーデン　創造的思考力を育む 4 つの原則』（ミッチェル・レズニック、日経 BP）

"Can chess training improve Pisa scores in mathematics?" (Roberto Trinchero, 2013, http://chessedu.org/wp-content/uploads/chess_improve_pisa.pdf)

『幼児教育の経済学』（ジェームズ・J・ヘックマン、東洋経済新報社）

『学力の経済学』（中室牧子、ディスカバー・トゥエンティワン）

『成功する子 失敗する子』（ポール・タフ、英治出版）

『母という病』（岡田尊司、ポプラ新書）

『ストレングス・スイッチ』（リー・ウォーターズ、光文社）

『EQ こころの知能指数』（ダニエル・ゴールマン、講談社）

[著者]
本山勝寛（もとやまかつひろ）
日本財団子どもサポートチームチームリーダー兼人材開発チームチームリーダー。東京大学工学部システム創成学科知能社会システムコース卒業、ハーバード教育大学院国際教育政策修士課程修了。
小学校から高校まで地方の公立学校に通い、独学だけで東京大学、ハーバード大学院に合格する。
5児の父親で、これまで育児休業を4回取得。ブロガーとして独自の子育て論、教育論を「BLOGOS」などで展開し、話題を呼ぶ。
アジア最大級の国際NGOである日本財団で、世界30カ国以上を訪問。教育や人権、国際協力、障害者支援、パラリンピック支援、貧困対策事業を手がける。
『16倍速勉強法』(光文社)、『最強の独学術』(大和書房)『そうゾウくんとえほんづくり』(KADOKAWA)など、「学びの革命」をテーマに著書多数。

ハーバードで世界《せかい》の教育《きょういく》を研究《けんきゅう》し尽《つ》くした
5児《じ》のパパが実践《じっせん》してわかった!
自力《じりき》でできる子《こ》になる好奇心《こうきしん》を伸《の》ばす子育《こそだ》て
2020年10月5日　第1刷発行

著　者	本山勝寛《もとやまかつひろ》
発行者	佐藤　靖
発行所	大和《だいわ》書房
	東京都文京区関口1-33-4
	電話　03-3203-4511
著者エージェント	アップルシード・エージェンシー
カバーデザイン	西垂水敦・市川さつき（krran）
本文デザイン	荒井雅美（トモエキコウ）
イラスト	くらはしれい
本文印刷所	厚徳社
カバー印刷	歩プロセス
製本	小泉製本
編集担当	大野洋平

ISBN978-4-479-78517-0
乱丁・落丁本はお取り替えいたします。
http://www.daiwashobo.co.jp